SCANDALES
À FRANCE TÉLÉVISIONS

Francis Guthleben

SCANDALES
À
FRANCE TÉLÉVISIONS

Collection « Coup de gueule »

Jean-Claude Gawsewitch Éditeur

Du même auteur

Le chemin des racines, ADT, 2004.
La vie en jaune, Desmaret, 2003.
Trente rêves pour le XXIe siècle, Lefranc, 2000.
La nuit du mensonge, Albin Michel, 1993.

130, rue de Rivoli
75001 Paris
www.jcgawsewitch.com
ISBN : 978-2-35013-164-1

À Cécile.

« Beaucoup de très belles choses
nous attendent,
sans jamais s'impatienter
de ne pas nous voir venir. »

Christian Bobin

Il était une fois...

Il était une fois un merveilleux paquebot. Son nom : France Télévisions. Amarré pont du Garigliano à Paris, en bord de Seine, il est équipé d'outils techniques du dernier cri pour se lancer dans toutes les aventures et traverser toutes les tempêtes. Sur les quais, une foule nombreuse regarde ébahie le navire. Elle rêve d'y monter et admire ceux qui proposent des animations, des spectacles, des films. Elle applaudit à 73 % les programmes proposés. Mais elle ne sait pas ce qui se passe à bord. La foule paye chaque année près de 2 milliards d'euros pour affréter le Paquebot, mais elle ignore comment l'argent est utilisé. Le prix du rêve est un secret bien gardé. Les coulisses du rêve sont un tabou. Et si le rêve était un cauchemar ?

Sur les ponts du Paquebot et dans les travées, 11 000 hommes et femmes. Pendant que certains sont dans les cales à faire tourner les moteurs, d'autres, de nombreux autres, se prélassent dans les transats, verre de champagne et toasts en main. Pourtant, certains affichent des brassards rouges et distribuent des tracts parce que la croisière n'est pas assez belle. D'autres se déplacent sans cesse à la recherche d'une meilleure place au soleil. Il y a aussi ceux qui sont en quête obsessionnelle du reflet de leur image dans l'eau, dans les miroirs, dans le bastingage chromé. Quelques invités ont été admis à bord. Ils consultent en permanence l'état de leurs comptes bancaires via leur téléphone portable et réclament de l'argent, de l'argent. Le capitaine est tout en haut, sur la passerelle. C'est un grand gaillard, élégant, prompt à se lancer dans de beaux discours. À ses côtés, son second, sombre et ténébreux. Parfois les deux hommes s'éclipsent. Lorsqu'ils réapparaissent, ils sont blêmes. L'armateur a appelé. Il est fort en gueule. Il ne cesse de le répéter : le Paquebot est trop lent, trop lourd. Le voyage coûte trop cher. Il y a trop de personnel à bord. Trop de frais. Il veut un grand lieu d'expression et de valorisation de la culture. Il rêve d'un paradis d'images et de nouveaux horizons radieux, débarrassé des braderies, des ventes à la criée et des kermesses. Mais le capitaine est lent à la manœuvre. À force de louvoyer, il a perdu la confiance de l'armateur. De plus, la tempête fait rage. L'équipage rechigne. Des mutins sont prêts à saborder le navire. Des pirates rôdent. Des icebergs parsèment la mer. Combien de temps le Paquebot résistera-t-il encore ?

Nombreux sont les dirigeants, journalistes, animateurs, techniciens de France Télévisions qui sont animés par une haute idée de leur mission. De plus, la télévision publique offre souvent des programmes de qualité, donne accès à une grande diversité de contenus et défend une certaine éthique. Enfin, France Télévisions est utile pour la garantie de la pluralité de l'information, nécessaire pour l'accès à la connaissance, essentielle pour la pérennité de l'affirmation des valeurs de citoyenneté.

Certaines activités sociales sont soustraites aux lois du marché pour permettre à tous d'en bénéficier dans un souci de cohésion économique, sociale et culturelle. C'est la notion de service public. Si ce principe est respecté, France Télévisions n'est pas négociable.

Mais il ne suffit pas d'écrire, comme le fait le groupe France Télévisions, qu'il a « un souci permanent de gestion efficace, d'optimisation des dépenses et de performance économique[1] *» ; il ne suffit pas d'avoir créé une Charte de l'antenne de France Télévisions ; il ne suffit pas d'avoir établi un pacte entre l'État et France Télévisions, si les mots et les actes ne sont pas mis en concordance.*

Parce que la télévision publique vit avec la redevance des Français, elle doit utiliser cette enveloppe financière avec infiniment de précautions et infiniment de respect. Elle ne peut pas dépenser sans compter, elle ne peut pas méconnaître la valeur de l'argent, elle ne peut pas protester après avoir tout dépensé, et réclamer encore et encore des moyens supplémentaires.

35 % d'audience pour France Télévisions avec un coût de la grille des programmes de 1,8 milliard d'euros et 11 000 salariés. 30,7 % d'audience pour TF1 avec 1 milliard d'euros et 3 800 salariés. 11,5 % d'audience pour M6 avec 300 millions d'euros et 1 600 salariés[2]*. France Télévisions a besoin de deux fois plus d'argent et de trois fois plus de salariés que TF1 pour une audience à peine supérieure. Pourquoi ? Comment ? M6 coûte encore moins cher à fabriquer, et ne parlons même pas des chaînes de la TNT : 70 personnes en tout et pour tout dans le pôle télé de NRJ, une centaine d'emplois pour Direct 8.*

Un léger surcoût, au nom de l'exigence du service public, peut s'expliquer et se justifier, mais dans ces proportions, est-ce acceptable ? Pourquoi l'audiovisuel

---

1. Lire les engagements de France Télévisions sur le site : http://www.francetelevisions.fr/engagements/engagement.php.
2. Bilans financiers 2007 de France Télévisions, TF1 et M6.

public a-t-il besoin de plus de salariés que TF1, M6 et Canal Plus réunis ?

Nicolas Sarkozy, président de la République, a décidé de débarrasser France Télévisions des puissances de l'argent et de la tyrannie de l'audimat. L'argent privé aux chaînes privées. L'argent public aux chaînes publiques. Les socialistes en rêvaient. Les créateurs le réclamaient. Et c'est Nicolas Sarkozy qui a mis l'idée en œuvre avec, au passage, un joli pied de nez politique bien à son image. Il a aussi voulu contraindre France Télévisions à se réformer en profondeur. L'organisation française du service public de télévision date des années 1980 et toutes les télévisions publiques européennes sont sur le chemin de la rénovation.

Le plan se préparait de longue date. En avril 2007, alors candidat à la Présidence, Nicolas Sarkozy avait affirmé : « Mettre un peu de rationalisation dans l'audiovisuel public n'est pas insurmontable. » À l'automne 2007, installé à l'Élysée, il a repoussé l'idée d'une coupure publicitaire supplémentaire réclamée par Patrick de Carolis. En décembre 2007, il a refusé un temps de payer la diffusion satellite des programmes régionaux de France 3. À la même époque il a pesé de tout son poids pour éviter qu'une hausse de la redevance soit adoptée en catimini par l'Assemblée.

Nicolas Sarkozy n'est pas le premier Président à se mêler à ce point de l'audiovisuel. En 1989, François Mitterrand, s'entretenant avec son ministre de la Communication Georges Fillioud, lança, de sa froide exaspération, à propos de France Télévisions : « Ne me parlez plus de ces apprentis sorciers, de tous ces incapables ! Comment peut-on se révéler aussi mauvais à la manœuvre[1] *?* » *De 1981 à 1995, le Sphinx dirigera le dossier de la télévision au prétexte de la libérer bien qu'en réalité il fût animé par le désir de la contrôler. Avant lui, Valéry Giscard d'Estaing avait éclaté l'ORTF en sept sociétés pour tenter de mettre fin à une forteresse de privilèges « enkystant l'appareil audiovisuel d'État », disait-il. Quant à Jacques Chirac, il laissa son Premier ministre Alain Juppé monter au front au printemps 1995 pour déclarer qu'il est important de savoir ce que l'on fait avec l'argent de la redevance. Chacun a cru pouvoir mettre ou remettre de l'ordre dans l'audiovisuel public. Aucun n'a réussi.*

Dans le prolongement de la volonté de Nicolas Sarkozy et après un an de débats et de polémiques, une nouvelle loi sur le service public de la télévision a été présentée par Christine Albanel à l'automne 2008. Elle a affirmé qu'il s'agissait de « la réforme la plus importante depuis 1986[2] *». Devant le gouvernement elle a déclaré : « Inventer la télévision de service public du* XXIe *siècle nécessite une réforme du groupe France Télévisions pour lui permettre de marquer davantage sa différence en renouvelant en profondeur l'identité et le visage du service public à travers une offre culturelle plus dense, plus créative et plus audacieuse*[3]*. »*

1. Propos rapportés par Renaud Revel dans son livre *Télé publique : le grand gâchis*, Jean-Claude Lattès, 1998.
2. Talk « Orange-*Le Figaro* », 1er octobre 2008.
3. Compte rendu du Conseil des ministres, 22 octobre 2008.

Pendant des semaines et des mois, ce fut une guérilla législative, une guerre des nerfs parlementaire et une incroyable succession de déclarations fracassantes devant des Français médusés par des joutes verbales aux allures de bataille de chiffonniers. S'y sont ajoutés un « Appel pour l'indépendance et le pluralisme des médias[1] *» et une « Lettre ouverte au président de la République*[2] *».*

Le tout s'est transformé en tir à boulets rouges sur Nicolas Sarkozy. Les délais prévus pour voter la loi n'ont pas pu être respectés par l'Assemblée nationale. L'examen de la loi par le Sénat a dû être reporté à janvier 2009. À la clé : un casse-tête juridique, une image déplorable pour les parlementaires français, et ce qui devait constituer un projet phare s'est transformé en bourbier. À ce jeu-là, la question de fond, en l'occurrence celle du coût, ou plus précisément du surcoût de la télévision publique, n'a quasiment pas été abordée.

Fin 2008, TF1 a annoncé son intention de baisser de 20 % le coût de sa grille des programmes avec cette conviction : « Lorsqu'on on enlève un zéro à un budget, on rend les gens plus créatifs[3]*. ». Si France Télévisions s'était appliquée une réduction de 20 % de son coût de grille, 370 millions d'euros auraient pu être économisés. En y ajoutant une analyse scrupuleuse des frais, en passant en revue la réalité de l'activité, en procédant à un examen systématique des postes, il est permis de penser*

1. Appel lancé par *Marianne*, 7 décembre 2008.

2. Opération conduite par *Le Nouvel Observateur*, 11 décembre 2008.

3. Interview de Laurent Storch, directeur des programmes de TF1, par Guy Dutheil, *Le Monde*, 12 septembre 2008.

que d'autres millions d'euros pourraient être économisés chaque année.

Si aujourd'hui la télévision publique est au bord du naufrage, ce n'est ni par manque de moyens, ni par la faute de Nicolas Sarkozy ou d'un quelconque autre bourreau, mais à cause d'elle-même, de ses gabegies, de ses incohérences, de son manque de prise en compte des réalités économiques, de ses difficultés à se réformer et de tous ceux qui profitent d'elle au lieu de la servir. Depuis plus de vingt ans, des sociologues, des hommes des médias, des experts le disent. Quelques parlementaires aussi réclament depuis longtemps des changements en profondeur de la gestion de France Télévisions : le sénateur Jean Cluzel et le député Alain Griotteray en leur temps, les députés Frédéric Lefebvre et Patrice Martin-Lalande aujourd'hui.

En 2006, Patrice Martin-Lalande estimait qu'il fallait fixer des objectifs d'amélioration de la gestion et que chacun des objectifs devait « être assorti d'éléments précis permettant un suivi et une évaluation[1] *». Au moment des débats autour de la nouvelle loi, il est remonté de nouveau au créneau : « Il est normal d'attendre un renforcement de la maîtrise des dépenses. Le financement presque total de France Télévisions par la ressource publique implique que l'entreprise satisfasse aux conditions d'un équilibre financier. Si celui-ci ne devait pas être atteint, la charge due au déficit serait en effet supportée par les contribuables, ce qui n'est pas acceptable.*

1. Patrice Martin-Lalande, rapport annuel sur les avances à l'audiovisuel public pour la loi de finances 2007.

Il faut rendre obligatoire, dans le cadre des contrats d'objectifs et de moyens, la définition d'engagements en termes de gestion de l'entreprise France Télévisions[1]. ».

Même le très consensuel Michel Drucker, prince de la longévité télévisuelle, le reconnaît : « Il va falloir dégraisser le mammouth de France Télévisions et arrêter de s'imaginer qu'on ne peut pas réformer cette entreprise qui en a rudement besoin[2]. » *Marin Karmitz, producteur, exploitant, distributeur, membre de la commission Copé, est sur la même ligne : « Il est urgent de moderniser l'audiovisuel public face aux défis de la révolution numérique, en lui en donnant les moyens. De ce point de vue, Nicolas Sarkozy a peut-être sauvé France Télévisions ! En annonçant la suppression de la publicité, il a engagé inévitablement la restructuration de France Télévisions, son mode de financement et sa transformation en média global. S'il avait continué à être financé par la publicité, le service public aurait perdu la moitié de son budget publicitaire*[3]. »

Malheureusement, dans un milieu audiovisuel où les discours sont dominés par les alibis culturels, rares sont ceux qui ont osé un tel franc-parler. L'objet n'est pas d'étrangler la télévision publique, mais purement et simplement de revendiquer une juste et saine utilisation de l'argent des Français.

---

1. Intervention lors des débats sur la nouvelle loi de la télévision publique à l'Assemblée nationale, 26 novembre 2008.

2. « Immédias », le blog de Renaud Revel, 30 juin 2008.

3. Article de Daniel Psenny intitulé, « Marin Karmitz : Nicolas Sarkozy a peut-être sauvé France Télévisions », *Le Monde*, 8 décembre 2008.

Il était une fois...

Pas de colère ici, sauf peut-être contre ceux qui ne cessent de vouloir faire payer les Français. Producteurs, salariés, syndicats en tout genre, dirigeants de France Télévisions, certains parlementaires ne cessent d'affirment à l'envi qu'il faut augmenter de façon conséquente la redevance. Pourtant, c'est bien l'impôt le plus impopulaire, l'impôt le plus injuste, facturé au même tarif que l'on soit chômeur ou millionnaire, et un impôt qui constitue une vente forcée. Le contribuable est obligé de payer pour France Télévisions, qu'il regarde ou non les chaînes publiques.

La question n'est pas de dénigrer la télévision publique, de se laisser aller au plaisir de l'indignation ou de vouloir susciter une polémique gratuite. Le propos n'est pas d'épouser telle ou telle option politique, mais de sortir des clivages et des partis pris. Le récit des dysfonctionnements, des énergies gâchées et des rêves envolés est le chemin nécessaire pour tracer enfin les contours d'une télévision publique porteuse de sens et de valeurs et imaginer une refondation avant qu'il ne soit définitivement trop tard.

Alors, oui, c'est un cri. Mais un cri d'amour...

L'argent roi

Le gouffre financier des Jeux olympiques

Le 31 juillet 2008 à Paris. Bienvenue dans l'univers de la télévision. France Télévisions dit et répète qu'elle est le plus grand terrain de sports. Daniel Bilalian, le patron des sports du groupe public, vient de dérouler fièrement le dispositif pour les Jeux olympiques de Pékin : 2 200 heures de programmes sur France Télévisions et sur le web à travers douze flux vidéo pour suivre l'ensemble des disciplines. « La production audiovisuelle de l'événement par nos équipes coûte entre 10 et 12 millions d'euros. À titre de comparaison, disons que les JO coûtent autant que le Tour de France. À cette somme, il faut ajouter les droits TV que nous acquittons au Comité international olympique pour retransmettre les JO. Pour Pékin, ces droits s'élèvent à 60 millions d'euros. Donc, l'ensemble nous coûte 70 millions d'euros [1]. »

Bilalian précise que 400 salariés de France Télévisions sont mobilisés, dont 200 à Pékin. Au chapitre des dépenses, une vingtaine de consultants de renom recrutés à bon prix, pour tenter d'être plus attractif avec des épreuves diffusées à l'heure où les Français

1. Article d'Emmanuel Berretta, *Le Point*, 31 juillet 2008.

dorment. Stéphane Diagana, Marie-Claire Restoux, Fabien Galthié, Brahim Asloum, mais aussi l'écrivain Philippe Delerm, seront aux micros. Des négociations avaient même été engagées afin qu'Alain Delon commente la boxe. Elles n'ont pas abouti.

France Télévisions à Pékin, c'est une mini-chaîne de télévision avec un espace technique de 750 mètres carrés et un studio au troisième étage de la prestigieuse tour de verre Ling Long. Le groupe public ne se refuse pas grand-chose et a le sens du détail. Les présentateurs portent tous des vestes chinoises aux couleurs des JO et de France Télévisions. Un problème pourtant : les prévisions de recettes publicitaires sur l'événement s'annoncent déjà mauvaises...

Après l'annonce de la suppression de la publicité sur le service public en janvier 2008, Daniel Bilalian avait rassemblé ses équipes pour un discours fanfaron : « N'écoutez pas les pisse-vinaigre ! Avec les compensations financières promises, il n'y a aucune raison que, pour nous, les choses changent. Le tournoi des Six Nations, c'est chaque année la revanche de Trafalgar ; la Coupe de France de foot, c'est du lien social entre le foot d'en haut et celui d'en bas. La personne qui m'expliquera quel sport est de service public et quel autre non n'est pas née [1] ! » Daniel Bilalian a été dépeint un jour comme un homme « d'une arrogance méprisante à l'effet dévastateur [2] ».

Ce que le grand « Bil » – son surnom – n'avait pas imaginé, au moment où il faisait l'annonce du coût

---

1. Article de Renaud Revel, *L'Express*, 23 janvier 2008.
2. Propos d'Albert Du Roy, directeur de la rédaction de France 2 démissionnaire, dans *Libération*, 8 juin 1998.

des Jeux olympiques, c'est la réaction violente de téléspectateurs sur divers blogs. Premier témoignage : « J'ai beaucoup de mal à comprendre comment la tenue chinoise adoptée par certains journalistes ne dérange pas plus que cela les téléspectateurs. Cette manière de s'inféoder à cet uniforme me semble au-delà du ridicule et complètement déplacée. » Autre indignation : « Ahurissant de voir cette gabegie à France Télévisions. En voilà des économies que l'on peut faire. » Cela aussi : « 400 salariés mobilisés dont 200 à Pékin ? Ils vont travailler à mi-temps ou quoi [1] ? »

Les opérations sportives prestigieuses sont toujours l'occasion pour de nombreux cadres de France Télévisions de se rendre sur place pour « soutenir les équipes au travail ». La pratique est immuable. Découvrir le sport de haut niveau par les coulisses, en profiter pour faire un peu de tourisme, aller serrer quelques mains de techniciens et de journalistes, vivre l'exaltation sportive en compagnie des représentants officiels du sport français, les tentations sont grandes. Et voilà de beaux voyages. Tant pis si cela se fait aux frais de la princesse, en l'occurrence le généreux contribuable français. Le Paris-Dakar a toujours été une destination très prisée pour « aller soutenir les équipes ». Pensez donc, commencer l'année avec un déplacement en Afrique, c'était tellement grisant.

Hasard ou non du calendrier, le jour même où ont été annoncées les sommes dépensées par France

1. Blogs de *L'Express* et de Jean-Marc Morandini, août 2008.

Télévisions pour les Jeux olympiques, Fréderic Lefebvre, porte-parole de l'UMP, a déclaré : « Je souhaite que le président de France Télévisions déclenche un audit par un cabinet privé pour comparer les coûts de personnel, les coûts de production, les coûts des missions et les frais généraux de France Télévisions avec ceux des autres grands groupes publics européens ou ceux des chaînes privées françaises. Si Patrick de Carolis ne déclenchait pas cet audit, il faudrait que l'État actionnaire le demande[1]. »

Et encore, à ce moment-là, Frédéric Lefebvre ignorait-il la suite de l'histoire. Certes les Jeux ont été regardés par 36 millions de téléspectateurs de France Télévisions et par 4 millions d'internautes, mais TF1 est resté en tête des audiences. Quant aux écrans publicitaires de l'audiovisuel public, ils n'ont rapporté que 4,4 millions d'euros, soit entre dix et treize fois moins que les JO d'Athènes et de Sydney[2]. Le manque à gagner des Jeux olympiques de Pékin dépasse 65 millions d'euros, l'équivalent de la redevance annuelle payée par 560 000 foyers.

Le 25 août 2008, lors de la cérémonie de clôture des Jeux de Pékin, Daniel Bilalian annonçait pourtant avec satisfaction : « France Télévisions a acheté les droits pour les JO de Londres de 2012. Cela coûtera 50 millions d'euros de droits, plus les coûts de fabrication des émissions[3]. » Dans toute entreprise, on aurait commencé par sortir les calculettes pour étudier

1. Interview publiée dans *Paris Match*, 31 juillet 2008.
2. Étude Institut Yacast, 26 août 2008.
3. *La Tribune*, 4 novembre 2008.

à la loupe la rentabilité économique de l'opération. Pékin a été un fiasco financier, mais les dirigeants se précipitent pour annoncer qu'ils vont rejouer la même opération dans quatre ans. À l'inverse, à TF1, le directeur des programmes déclarait : « La vraie question est : devons-nous continuer à acheter les événements quel que soit leur prix [1] ? »

Au printemps 2007, France Télévisions s'était déjà distinguée en se mettant en tête de rafler les droits pour le magazine dominical « France 2 Foot », dédié aux résultats du championnat de France de football, exactement trente ans après la création de « Téléfoot » par TF1. Dans le cadre d'un appel d'offres sectoriel, France Télévisions a mis 24,5 millions d'euros sur la table et emporté le marché face à TF1. Commentaire de Nonce Paolini, le patron de TF1 : « Ce sont des sommes absolument gigantesques pour un droit sportif qui n'en vaut pas le tiers [2]. » Oui, mais voilà, France Télévisions voulait les images.

L'émission « France 2 Foot », proposée tout au long de la saison 2007-2008, n'a jamais fait le plein de spectateurs. Pourtant, pour éviter la concurrence au sein du groupe public, toutes les directions régionales de France 3 ont été contraintes par Paris d'arrêter les émissions sportives qu'elles proposaient dans le même créneau horaire. Le sport régional a été sacrifié

---

1. Article de Daniel Psenny intitulé, « Marin Karmitz : Nicolas Sarkozy a peut-être sauvé France Télévisions », *Le Monde*, 12 septembre 2008.

2. Intervention lors du débat « Quelles réformes pour le secteur de l'audiovisuel », Sénat, 5 février 2008.

sur l'autel du football voulu par Daniel Bilalian. Et tout cela pour pas grand chose. Lors du nouvel appel d'offres au printemps 2008, France 2 n'a plus proposé que 17 millions d'euros pour continuer l'aventure. La chaîne a perdu, cette fois. Bilan : 24,5 millions d'euros dépensés en achat d'images, sans compter les coûts de fabrication des émissions, pour un « one shot » sans succès et sans lendemain.

Par ici la redevance

En mars 1996, Alain Griotteray, alors député du Val-de-Marne, écrivait à propos de la télévision publique : « Un audit pourrait être diligenté pour enfin avoir une vision claire des coûts de fonctionnement[1]. » À l'époque, sur une période de cinq ans, le coût horaire d'une émission sportive avait augmenté de 110 % à France 2 et de 350 % à France 3. Certes, les droits sportifs s'étaient envolés, mais cela ne pouvait justifier l'écart de hausse entre les deux chaînes. Les salariés de la 3 sont-ils trois fois moins productifs que ceux de la 2 ? Les émissions de la 3 sont-elles de qualité trois fois supérieure ?

Ces histoires sont révélatrices de méthodes, de pratiques, de comportements... Cela serait choquant dans des entreprises privées, mais devient insupportable lorsqu'il est question de l'utilisation des impôts des Français. Chaque année, à travers la redevance, 20 millions de foyers équipés d'un téléviseur versent

1. Alain Griotteray, *L'argent de la télévision*, Éditions du Rocher, 1996.

1,834 milliard d'euros pour France 2, France 3, France 4, France 5 et RFO. Le montant de la redevance audiovisuelle s'élève à 116 euros par foyer imposable. Les bénéficiaires sont nombreux : 21,64 euros vont à Radio France, 8,96 euros à Arte France, 3,34 euros à l'INA et 2,35 euros à RFI [1].

Le solde de 79,59 euros revient à France Télévisions. Par ordre croissant, la répartition se fait ainsi : France 4 reçoit 0,99 euro par an de chaque redevance ; France 5 a droit à 6,46 euros ; RF0 récupère 9,70 euros ; France 2 consomme 27,18 euros, et France 3, avec 35,26 euros [2], est la plus grande dépensière. Mais les professionnels des télévisions publiques disent depuis toujours qu'ils manquent de moyens. C'est même devenu, à certains égards et à certains moments, une technique pour excuser les faiblesses.

Pour faire passer la pilule de cet impôt, la stratégie de France Télévisions a toujours consisté à dire que la redevance « ne représente que 22 centimes par habitant et par jour ». Autres arguments : la redevance en France est l'une des moins élevées d'Europe et la télévision publique française dispose de beaucoup moins d'argent que ses homologues d'Allemagne ou de Grande-Bretagne. Pour autant, a-t-on le droit d'utiliser l'argent public autrement qu'avec d'infinies précautions ? Et rien ne peut masquer une question essentielle : que fait France Télévisions avec la redevance et les autres recettes, notamment publicitaires,

---

1. « Le financement de France Télévisions », présentation sur le site web de la Commission Copé, http://www.matelepublique.fr/content/le-financement-actuel-de-france-t-l-visions

2. « La répartition de la redevance en France », *ibidem*.

soit une enveloppe astronomique de près de 3 milliards d'euros par an ?

Un week-end à Strasbourg aux frais des contribuables

Le 30 novembre 2007, Strasbourg ouvre son traditionnel marché de Noël. En guise de père Noël, les Alsaciens ont droit à Patrick de Carolis. Le prince de la télévision publique arrive en province escorté par une cinquantaine de têtes bien faites : David Pujadas, Laurent Romejko, et quelques autres, ainsi qu'une batterie de secrétaires et conseillers. Dès son installation à la présidence de France Télévisions le 22 août 2005, Patrick de Carolis avait décrété qu'il rencontrerait régulièrement les téléspectateurs dans des forums. Jamais il ne s'était encore rendu en Alsace pour un tel rendez-vous. Il faut dire qu'il y a la réputation « difficile » de France 3 Alsace, la pression locale des réalisateurs et des producteurs, et les demandes constantes des élus alsaciens de disposer d'une télévision régionale plus forte... Alors, c'est l'Alsace quand même et malgré tout.

Pour le déplacement du président, tout est fait pour que cela se passe au mieux. Paris veut des limousines pour conduire de Carolis et son équipe entre la gare et la direction régionale, distantes de moins de deux kilomètres. Il faut le meilleur hôtel de la ville pour l'hébergement, à visiter scrupuleusement au préalable. Pour les repas, merci de prévoir des restaurants réputés.

La rencontre avec les téléspectateurs doit être retransmise sur écran géant et en direct sur Internet. France 3 Alsace compte dans ses effectifs un réalisateur d'expérience, petit bonhomme rigoureux et méticuleux, mais Paris n'en veut pas. Il faut « le réalisateur attitré de de Carolis ». Au temps où il présentait « Des racines et des ailes », il avait déjà ses exigences : un cameraman de grande taille pour mettre en valeur son physique. Ultime impératif : « La salle doit être pleine. » Pour assurer la promotion du forum, les Alsaciens subiront un matraquage promotionnel sur l'antenne régionale, comme si une rock star se déplaçait. Pourtant jusqu'à la veille de la visite, ils ne se bousculent pas pour s'inscrire à la soirée. En Alsace on n'aime pas les airs ostentatoires.

Le président de France Télévisions finit par arriver à l'auditorium de France 3 Alsace, construit aux temps historiques de l'ORTF, véritable salle de spectacle et studio d'enregistrement de 500 places. Il s'en est fallu de peu pour que l'entourage de de Carolis rejette ce lieu aux allures jugées trop staliniennes. « Il faudrait quelque chose de plus prestigieux », avait estimé la délégation lors des repérages. Patrick de Carolis déroule son show. À son talent d'animateur-bateleur s'est ajouté le charisme de ses fonctions. Quatre-vingt-dix minutes de « spectacle » et le tour est joué. En rang d'oignons, les « vedettes » signent ensuite des autographes, sous la protection d'une équipe de gardes du corps.

Le public, poli, repart avec une signature et... un sachet plastique contenant une plaquette promotionnelle de la télévision publique, une petite bouteille d'eau et un pain d'épice. Pendant ce temps, toujours à bord de limousines, de Carolis et ses équipes prennent joyeusement la direction du deuxième restaurant prestigieux de la journée...

Cinquante dirigeants animateurs et secrétaires de l'audiovisuel public viennent de passer un début de week-end à Strasbourg aux frais des contribuables. Prix moyen d'un « Forum des téléspectateurs » : 80 000 euros[1]. Aucun autre président de l'audiovisuel public n'avait organisé de tels événements. Au total dix-sept forums, dont certains hors de l'Hexagone, ont eu lieu entre 2005 et 2008 pour une facture totale de l'ordre de 1,5 million d'euros.

Faste et prestige

La télévision publique a le goût du faste. Le 6 décembre 2006, aux Tuileries à Paris, la soirée de lancement de France 24 avait coûté la bagatelle de 1,35 million d'euros, soit l'équivalent d'un peu plus de 1 000 Smic bruts. Pour cette chaîne française d'information internationale, voulue par Jacques Chirac, sur la base d'un actionnariat baroque associant France Télévisions et TF1, rien n'avait été trop beau. Parmi les dépenses : 100 000 euros pour un cocktail ; 221 500 euros pour une tente ; 100 000 euros pour les honoraires du prestataire, etc. La fête a englouti autant d'argent que toute la promotion de France 24 dans dix-neuf pays[2]. Et, à l'exception de 2008, la présentation de la grille des programmes de France Télévisions a toujours été dispendieuse. En 2006, le groupe s'était offert le Cirque d'hiver de Paris, en 2007 ce fut la salle Pleyel pour trois fêtes en une journée : l'une pour les cadres et une sélection de

---

1. *Challenges*, 14 décembre 2006.
2. Rapport sur les exercices 2005 à 2007 de France 24, Cour des comptes, juillet 2008.

salariés venus de toute la France, la deuxième pour la presse et une troisième pour les producteurs.

Patrick de Carolis aime le prestige. Il appelle cela « le virage éditorial ». La vitrine de France Télévisions est alléchante. Le groupe est ainsi premier partenaire de la fiction française, leader européen en production d'animation, premier coproducteur investisseur et diffuseur de documentaires en France. Mais aussi premier bouquet des chaînes gratuites de la TNT. Belle réussite aussi au Festival de Cannes 2008, où trois films coproduits par France 2 Cinéma ont été récompensés, notamment de la Palme d'Or et du Prix spécial du Festival.

Tout cela a un prix. La série « Maupassant », présentée comme un modèle de réussite de l'audiovisuel public par la coexistence de la qualité et de l'audience, coûte plus de 1 million d'euros de l'heure. La soirée d'opéra du 31 juillet 2007 sur France 2 depuis les Chorégies d'Orange a nécessité 500 000 euros, chiffre annoncé par France Télévisions, soit l'équivalent de 4 300 redevances. L'opération a été reconduite en 2008. Une soirée de théâtre en direct sur France 2 s'élève à 800 000 euros. Après sa sortie au cinéma, le film sur Françoise Sagan adapté en deux épisodes pour une diffusion sur France 2 début octobre 2008 a coûté 3,7 millions d'euros.

Au-delà des fictions et des spectacles vivants, il y a les magazines. Les « Secrets d'histoire » de Stéphane Bern, le Tintin reporter envoyé dans le passé, valent aux environs de 160 000 euros par numéro. « On n'est pas couché » de Laurent Ruquier dépasse 200 000 euros par numéro. « Vivement dimanche » de Michel Drucker vaut le même montant chaque semaine. Pour « Taratata » de Nagui, c'est 180 000 euros l'émission. Pour Julien Courbet, transfuge de TF1, c'est un chiffre d'affaires de 13,4 millions d'euros pour la saison, un vrai pactole. Relevons aussi le cas de « Ce soir (ou jamais !) » de France 3 pour 70 000 euros par jour. L'émission est tournée sur le même plateau que le « Soir 3 », lequel se déroule en même temps, mais France 3 emploie deux réalisateurs et deux régies, dont l'une, mobile, vient notamment de Rennes ou de Strasbourg. Aux salaires s'ajoutent les frais de déplacement, d'hébergement, de restauration, les primes diverses. Les équipes adorent ces tournages à Paris.

Ces chiffres ont été dévoilés par la presse mais ils ne sont jamais communiqués, ni aux salariés de France Télévisions, ni à ceux qui font figure d'actionnaires, en l'occurrence ceux qui payent la redevance. Personne n'accepterait de payer un artisan qui présenterait une facture dont le montant total n'indique pas le détail des fournitures et des prestations. C'est pourtant dans cette situation que se trouvent les Français avec la redevance.

Comme des coqs en pâte

En mars 2006, douze techniciens et journalistes de France 3 Ouest avaient tenté de revenir aux valeurs du service public et de dénoncer les gabegies. Ils avaient rédigé un long article en espérant le voir paraître dans une tribune du *Monde*. Leur texte avait été sélectionné, mais le quotidien avait fini par renoncer à le publier. Petits extraits : « En l'espace de dix ans, à France 3, le nombre de cadres a été multiplié par quatre. Rien qu'à Paris, entre la holding et France 3, on dénombre 65 directeurs, sans compter leurs nombreux conseillers et adjoints, qui eux-mêmes ont des conseillers et des adjoints. Un paysage digne de Kafka. Dès sa nomination, Patrick de Carolis avait assuré qu'il partait en guerre contre les rentes de situation des animateurs vedettes. Il était temps, mais nous attendons toujours. »

Le groupe public est composé d'un agglomérat tentaculaire de quarante-neuf sociétés. Les frais de gestion sont démultipliés par le nombre de chaînes. Des couloirs entiers sont remplis de salariés « placardisés » et de chargés de missions obscures. Et, par-dessus tout, les effectifs de l'audiovisuel public sont pléthoriques. C'est une vieille rengaine...

En 1993, à son arrivée à la tête de la télévision publique, Jean-Pierre Elkabbach s'était octroyé une rémunération supérieure de 33 % à celle de son prédécesseur Hervé Bourges [1]. À l'époque aussi, une trentaine de hauts salaires avaient été fixés sans être soumis au contrôleur d'État.

Chaque changement de président coûte des sommes considérables, d'une part en indemnités transactionnelles pour « se débarrasser » des anciennes équipes, d'autre part pour étoffer les nouvelles équipes de direction. En 1997, les dépenses globales de la présidence commune de France Télévisions représentaient 6,3 millions d'euros ; dix ans plus tard,

1. Rapport de la Cour des comptes sur France Télévisions, 1998.

les frais de personnel dépassaient 17 millions d'euros. Entre 1996 et 2002, les charges de personnel ont augmenté de 40,65 % à France 3, de 22,83 % à France 2[1].

Depuis l'arrivée de Patrick de Carolis, les charges de personnel de la structure de tête (la holding) ont progressé de 2,8 millions d'euros. Pourtant, en 2006, les services de l'État préconisaient déjà 1 000 suppressions de postes[2]. Mais au sein de l'audiovisuel public tout le monde préfère évoquer la quête du Graal numérique plutôt que de reconnaître l'évidence de la nécessité de l'allègement des effectifs. Le sujet est tabou. Même le chuchoter relève du blasphème.

Aujourd'hui, pour l'ensemble du groupe public, les charges de personnel frôlent les 30 % du chiffre d'affaires. À France 3, elles avoisinent même 37 %, alors qu'elles se situent sous la barre des 16 % à TF1. Pire encore : entre 2006 et 2007, malgré toutes les recommandations, toutes les difficultés financières, les charges de personnel de France Télévisions ont encore augmenté de près de 42 millions d'euros[3].

Au cours de l'année 2008, l'État a demandé à France Télévisions de réaliser de grosses économies. Réaction immédiate de la direction : les économies de fonctionnement seront difficiles à réaliser. Pourtant il suffit de jeter un coup d'œil dans n'importe lequel des services de France Télévisions pour trouver des

---

1. Rapport de la Cour des comptes sur l'évolution de France Télévisions, février 2005.

2. Rapport de l'Inspection générale des finances, 20 janvier 2006.

3. Rapports financiers France Télévisions, 2006 et 2007.

solutions simples. Quelques exemples relevés au cours de l'année 2008 : ici un directeur régional, à peine arrivé, s'offre une nouvelle et luxueuse berline. Là, c'est un abonnement chez une fleuriste pour disposer en permanence d'un volumineux arrangement floral dans les bureaux de la direction. Il y a aussi ce directeur régional pris d'un soudain et onéreux souci sécuritaire : il a fait installer des contrôles biométriques pour l'accès des salariés aux locaux.

Autre exemple encore : le 5 novembre 2008 pour les élections américaines, France 2 avait réservé des faisceaux satellitaires pour assurer des liaisons avec cinq correspondants à Pékin, Moscou, Jérusalem, Londres et Bruxelles. « Mais la vedette David Pujadas, qui présentait le 20 heures en direct depuis New York, n'a pas voulu de cette intrusion dans son JT. Du coup, ses troupes ont été obligées d'annuler l'opération, ce qui a fait perdre quelque 20 000 euros à la chaîne[1]. »

D'aucuns diront que ce sont de petites sommes, mais par une gestion de bon père de famille, ce sont bien de véritables trésors qui pourraient être dégagés, et cela avant même de s'attaquer à des problèmes structurels objectivement difficiles à aborder.

Là encore, l'histoire semble dramatiquement se répéter : en 1991, l'État avait imposé un plan de réorganisation interne à France 3 en contrepartie d'un apport financier public complémentaire. Deux ans plus tard, l'Inspection générale des finances concluait

1. *Le Canard enchaîné*, 12 novembre 2008.

à l'échec du dispositif. 65 % seulement de l'objectif de 40 millions d'euros d'économies avait été atteint.

L'information à prix d'or

Les journalistes de France Télévisions travaillent dans des conditions de confort que ne connaît plus aucune autre rédaction de France, tous médias confondus. Souvent les équipes de la télévision publique chargées de réaliser des reportages pour les journaux télévisés partent encore à trois : un preneur de son, un journaliste-reporter d'images et un rédacteur. Les syndicats « défendent l'emploi ». Quant aux plus anciens, ils regrettent le temps où les déplacements se faisaient avec... un chauffeur. Loin de là, les équipes des télévisions privées se déplacent le plus souvent à deux, voire avec un seul homme, multitâches.

Avec un budget de 30 millions d'euros pour 2009, les 140 salariés de BFM TV diffusent 8 760 heures d'information. À France 2, il faut cinq fois plus d'argent pour produire cinq fois moins d'information. Parmi les 315 salariés de la rédaction de France 2 figurent plus d'une centaine de chefs, dont une cinquantaine de rédacteurs en chef au salaire moyen brut de 111 000 euros par an en 2006 – qui, pour certains, atteint 200 000 euros par an [1]. La gangrène est chronique. Entre 1992 et 1995, la rédaction de France 2 avait déjà connu une augmentation de 40 % des effectifs d'encadrement et de 14 % des effectifs de

1. « Que faire de France Télévisions ? », *Capital*, avril 2008.

journalistes. La rédaction de France 2 avait vu défiler six coûteux organigrammes en moins de cinq ans[1].

Frédéric Lefebvre, porte-parole de l'UMP, le dit sans détour : « Bien sûr qu'il y a trop de monde dans le groupe France Télévisions. La pyramide des âges fait que des gens vont partir, il ne faut pas les remplacer. Je vais vous donner un exemple. À Royan, lors de notre campus des jeunes de l'UMP, il y avait, pour France 2 et France 3, vingt-neuf personnes. C'est exactement le même nombre que les personnels envoyés par TF1, LCI, i-Télé, Canal Plus, BFM TV et La Chaîne parlementaire réunis. Voilà, c'est tout, et tout est comme cela[2]. » Là encore rien de neuf sous le soleil. En novembre 2005, lors du congrès du Parti socialiste au Mans, une affaire similaire avait déjà fait grand bruit : quatorze équipes de reportage de l'audiovisuel public s'étaient retrouvées sur place.

Et qu'en est-il à France 3 ? Un cadre « historique » se souvient : « À ses origines, la chaîne ne devait pas compter de rédaction nationale. Puis une petite équipe s'est constituée pour coordonner et échanger les reportages entre les régions. Maintenant c'est une armée de 370 hommes à Paris. » Auxquels s'ajoutent 1 230 journalistes dans les rédactions régionales et locales. Un journaliste de province est deux fois plus productif qu'un journaliste parisien. L'information nationale coûte 68 % plus cher que l'information régionale. À l'heure où la France entière peine à boucler ses fins du mois, et loin de tout discours sur le

---

1. Rapport de la Cour des comptes sur France Télévisions, 1998.
2. Magazine « C à dire ». France 5, 22 octobre 2008.

pluralisme des médias, qui peut justifier l'existence de deux rédactions nationales pour un total de près de 800 journalistes, là où une rédaction suffirait ? Qui peut cautionner la présence de correspondants de France 2 en régions qui font doublon avec les équipes de France 3 ?

Cherche recettes désespérément

Talentueuse pour dépenser l'argent public, très en peine lorsqu'il s'agit de faire des économies, France Télévisions n'est pas très douée pour améliorer les recettes. Un exemple : pour la première fois, lors du 19e Marché international du film documentaire de La Rochelle, en juin 2008, France 2 a organisé un « show case » pour tenter de séduire les télévisions étrangères. Du jamais vu jusque-là. La chaîne a réussi à vendre, pour la première fois, une de ses productions à la BBC, en l'occurrence *Versailles, le rêve d'un roi*. La directrice des magazines et documentaires de France 2 découvrait que certaines grandes productions de sa chaîne sur les thèmes de l'histoire et de la science avaient un potentiel à l'exportation [1].

Moult rapports parlementaires déplorent depuis des années le manque de commercialisation des productions de France Télévisions et le défaut d'exportation de l'audiovisuel public alors que la BBC tire environ 20 % de son chiffre d'affaires de l'exploitation des droits secondaires. Au point que la chaîne anglaise propose depuis le printemps 2008 un site Internet dédié à

1. *Écran Total*, lettre quotidienne, 27 juin 2008.

ses programmes commercialisés sur les chaînes de télévision française. On y découvre que le service public français diffuse chaque jour en moyenne deux productions de la BBC. Petite embellie : à la rentrée 2008, « Panique dans l'oreillette », le concept imaginé par Frédéric Lopez pour France 2, et pour lequel il se battait depuis des années, a été vendu en Espagne, en Italie, au Québec, au Liban, etc.

Drapés dans des habits, quelque peu hypocrites, d'une télévision publique indépendante, éloignée des puissances de l'argent et présente pour servir la spécificité culturelle française, les dirigeants de l'audiovisuel public ne sont pas tirés d'affaire. Même si des efforts ont été faits pour mettre en place une stratégie d'offre de groupe, moderniser l'offre commerciale et améliorer la performance des écrans publicitaires, la rentabilité de l'exploitation commerciale de la télévision publique reste très inférieure à celle des groupes privés. L'histoire récente en donne une belle illustration.

Été 2007, un commercial de France Télévisions Publicité (FTP) sort furieux d'une réunion avec sa direction à Boulogne-Billancourt. Il peste. « Ils viennent d'inventer un nouveau système de tarification baptisé "Horizon", mais cet Horizon c'est le mur, "une erreur de gestion [1]". Ils vont perdre des millions. » Le salarié de la régie publicitaire de France Télévisions n'imaginait pas à quel point son analyse

1. Déclaration de Frédéric Lefebvre, porte-parole de l'UMP, émission « Plus clair », Canal Plus, 22 novembre 2008.

et son intuition allaient s'avérer justes. France Télévisions Publicité venait d'imaginer un nouveau système établissant un tarif net unique à la seconde dont le prix est défini en début d'année pour l'ensemble des écrans et l'ensemble des chaînes du groupe public, modulé par une série de variables complexes. Exit donc les tarifs bruts et les négociations habituelles, pour un principe n'existant nulle part à l'international et ne permettant plus aux professionnels d'effectuer des comparaisons tarifaires.

La commercialisation a débuté le 1er janvier 2008. En huit jours, les recettes publicitaires ont baissé de 20 %. Sur les trois premières semaines de janvier, le temps de publicité de l'audiovisuel public a chuté de 27 %.

Loin d'assumer son erreur commerciale et de tenter une prudente marche arrière, France Télévisions Publicité s'est obstinée et a désigné des coupables. Le premier à être mis en cause a été le président de la République. En annonçant la fin de la publicité sur le service public, il aurait fait chuter les recettes, mais, on vient de le voir, la chute a commencé avant ses déclarations.

La régie a aussi dénoncé un dénigrement dont elle aurait été victime de la part des annonceurs, puis elle claqué la porte du Syndicat national de la publicité télévisée. Le directeur général de FTP, Philippe Santini, a même déclaré : « Le problème réside dans la médiocrité intellectuelle du marché[1]. » Traiter ses clients potentiels d'imbéciles n'est peut-être pas la

1. *CB News*, février 2008.

meilleure manière de les attirer, même si ensuite on leur propose une offre exceptionnelle, comme cela a été le cas en mars 2008. D'ailleurs, la fuite des clients s'est poursuivie.

L'Association des chaînes privées estime que le nouveau mode de commercialisation de la publicité par France Télévisions a fait perdre 150 millions d'euros au groupe public en 2008. France Télévisions reconnaît pour sa part qu'en 2007 « les charges d'exploitation de France Télévisions ont augmenté de 1,2 million d'euros par rapport aux prévisions budgétaires. Ce dépassement est essentiellement dû à des charges payées par FTP et refacturées à ses filiales. FTP a également dû recourir à des prestataires extérieurs pour la mise en place des nouvelles conditions générales de vente avec le système Horizon [1] ».

En résumé, le système Horizon a d'abord plombé les charges de France Télévisions Publicité ; puis a fait perdre des recettes considérables en 2008 et a finalement été abandonné pour 2009.

Des échecs commerciaux à répétition

L'année 2007 avait été marquée par des échecs commerciaux retentissants : l'écart entre l'objectif de recettes et le chiffre réalisé a représenté 19 millions d'euros. France Télévisions Publicité a d'ailleurs été en retard sur tous les registres. Le poids d'Internet dans les investissements publicitaires plurimédias en France a progressé de 34,5 % en 2007, mais pour

1. Bilan financier 2007 de France Télévisions.

FTP cette croissance n'a été que de 23,9 %. Il a d'ailleurs fallu attendre juillet 2007 pour que France Télévisions Publicité recrute une directrice du développement des supports, chargée de démarcher de nouveaux sites Internet, chaînes TV et services mobiles. Mais au moment de son lancement à l'été 2008, le nouveau site d'information de France Télévisions sur le web ne comportait pas d'espace publicitaire.

Globalement, en 2007, les investissements publicitaires sur les chaînes thématiques ont grimpé de 46,8 %, mais seulement de 25 % pour FTP[1]. En 2008, toujours selon les termes du contrat passé avec l'État, les recettes publicitaires devaient une nouvelle fois augmenter de 1,2 %. En réalité, elles ont sombré dans les abysses : baisse de l'ordre de 20 à 25 % selon les sources.

Sous « l'ère Elkabbach », l'argent rentrait et la part de la publicité dans le budget de l'audiovisuel public était de 50 %. Mais, pour atteindre de tels résultats, une politique de rabais était pratiquée en l'absence de toute trace écrite, sans transparence et sans contrôle. Autre singularité : le temps d'antenne des écrans publicitaires avait été multiplié par près de cinq, alors que la recette globale correspondante avait seulement doublé[2].

En mars 2005, la régie publicitaire de France Télévisions avait encore été rappelée à l'ordre. Elle avait

1. *Idem.*
2. Rapport de la Cour des comptes sur France Télévisions, 1998.

établi des contrats d'échange publicitaire qui aboutissaient à écarter la concurrence. Le tout sans que la direction du groupe en ait jamais été informée[1].

Depuis cette année-là, la part de marché publicitaire des chaînes du groupe France Télévisions baisse, alors que celles de TF1 et de M6 n'ont cessé de croître jusqu'à fin 2007[2]. N'en déplaise à certains, Nicolas Sarkozy est donc venu au secours de France Télévisions en annonçant la fin de la publicité sur le service public et en cherchant des solutions financières de compensation.

France Télévisions Publicité cumule les déboires. Le 29 octobre 2007, la régie a été écartée du marché de la régie publicitaire d'une trentaine de télévisions locales de la TNT au profit de TF1. Le 20 juin 2008, France Télévisions Publicité a été battue par TF1 pour « le marché de l'année » de 111 stations de radios locales et régionales. Enfin, le 24 juin 2008, puis le 24 novembre 2008, TF1 annonçait que sa régie publicitaire allait assurer la commercialisation nationale des chaînes locales du groupe Hersant Média et du groupe Sud Radio. Au total l'offre TV locale de TF1 Publicité comptait en novembre 2008 trente-quatre clients. Encore des recettes que France Télévisions Publicité convoitait.

---

1. Rapport de la Cour des comptes sur les contrats d'échanges de France Télévisions Publicité, février 2008.

2. La part de marché publicitaire de France Télévisions a été de 21,5 % en 2005, 21,4 % en 2006, 20,6 % en 2007 (source : bilans financiers France Télévisions).

La suite est étonnante aussi. Après l'annonce de l'arrêt de la publicité, en janvier 2008, il était évident que France Télévisions Publicité allait devoir réduire ses effectifs, mais Patrick de Carolis s'est précipité pour indiquer que tout allait être fait pour « recaser » les salariés au sein du groupe public. Puis, les dirigeants de l'audiovisuel public ont été pris de panique à l'idée que tout le personnel se précipite vers d'autres entreprises. Comment imaginer que 317 personnes trouvent facilement du travail dans un marché en récession ? Cependant les dirigeants y ont cru. Ils ont donc décidé d'accorder une prime allant jusqu'à six mois de salaire aux personnes qui prenaient l'engagement de rester dans la société au-delà de janvier 2009. Ce dispositif a été entériné par le conseil d'administration de France Télévisions. Il a ensuite fallu trouver des activités nouvelles au personnel restant. Le directeur général de France Télévisions Publicité, Philippe Santini, a déclaré : « Le conseil d'administration m'a confié une mission exploratoire pour nouer des partenariats industriels et commerciaux avec d'autres acteurs faisant un métier proche du nôtre, donc essentiellement dans l'audiovisuel et Internet [1] », et ce fut un slogan : « Pour rester sexy, on s'est refait une beauté ».

Aura-t-il fallu l'électrochoc de Nicolas Sarkozy de janvier 2008 pour que FTP s'engage résolument dans une diversification ? En 2005, Patrick de Carolis avait pourtant été élu président de France Télévisions notamment sur la base de sa volonté de trouver de nouveaux gisements de recettes pour le groupe public.

---

1. *CB News*, 17 novembre 2008.

L'art de se saborder

Autre cas de la spirale de l'échec : le Tour de France 2008. Pendant trois semaines, France 2 et France 3 ont réalisé de bons scores d'audience, touchant en moyenne 3,2 millions de personnes quotidiennement et jusqu'à 6 à 7 millions de téléspectateurs pour les arrivées des grandes étapes de montagne. La part de marché a même dépassé 50 % sur une étape. Pourtant, les écrans publicitaires étaient quasiment vides pendant toute la période. Les régulières interruptions des retransmissions étaient essentiellement occupées par de la promotion institutionnelle pour les Jeux olympiques et par de la « publicité maison » pour le Club France Télévisions.

Ce club lancé le 12 décembre 2006 est alors présenté comme « le lieu privilégié de rencontre entre les téléspectateurs et leur télévision publique » et comme une « initiative sans équivalent dans le paysage audiovisuel français ». Outre une newsletter hebdomadaire, les adhérents ont accès à des podcasts sur les coulisses d'émissions, à des « offres privilège » et à un blog. Sur son nouveau site Internet lancé au cours de l'été 2008, France Télévisions annonçait 1,8 million de membres. Bastien Millot, directeur de la communication de France Télévisions, initiateur de ce dispositif, parle pour sa part de 2,7 millions d'adhérents[1]. Mais surtout, ces chiffres ne traduisent pas la réalité de la cote d'amour des Français pour leur service public. En effet, toute personne qui souhaite visionner un

1. Interview de Bastien Millot par Emmanuel Berretta, *Le Point*, 22 septembre 2008.

film, partager une vidéo, réagir à une émission est contrainte de s'inscrire préalablement au Club des téléspectateurs. L'« initiative sans équivalent dans le PAF » est donc un principe d'adhésion forcée.

Mais revenons à l'échec commercial du Tour de France. Le sommet fut atteint le dimanche 27 juillet 2008, jour d'arrivée à Paris. Daniel Bilalian, directeur des sports de France Télévisions, est aux côtés des commentateurs pour saluer le travail des équipes techniques et des journalistes, remercier les téléspectateurs pour leur fidélité et expliquer à quel point, à travers la retransmission du Tour, France Télévisions remplit une mission de lien social. Son intervention porte les accents de la défense du service public. Malheureusement, quelques instants plus tard, tout est gâché.

Incapable de vendre abondamment ses espaces pendant les trois semaines de la Grande Boucle, France Télévisions Publicité réussit à se rattraper pour l'écran qui suit l'arrivée sur les Champs-Élysées. Un vrai « tunnel de pubs » avec pour premier annonceur la chaîne concurrente Canal Plus et ce slogan : « Canal Plus, là où le sport se vit ». Bien évidemment la loi réprime le « refus de vente », mais après trois semaines de travail des équipes de l'audiovisuel public, découvrir sur l'antenne même du service public que c'est sur Canal Plus que le sport se vit est pour le moins singulier.

Reste la question des recettes de diversification. Elles peuvent notamment être tirées de l'exploitation commerciale de la marque, de l'édition (presse, vidéo, cinéma), de la distribution de films, de la production d'événements ou des activités Internet. Pour 2007,

France Télévisions annonçait des recettes de 260 millions d'euros[1]. Cela fait moins de 10 % du chiffre d'affaires du groupe public. Chez M6, les recettes de diversification dépassent 570 millions, soit plus de 45 % du chiffre d'affaires. Chez TF1, elles représentent 40 % du chiffre d'affaires.

Un ancien dirigeant de l'audiovisuel public le dit sans détour : « Cette entreprise a vraiment un problème avec l'argent. Au-delà des recettes qu'elle pourrait réaliser, il serait possible de gagner sans peine de 10 à 15 % de gains de productivité et de 20 à 30 % de gains de synergie. » C'est bien la contrainte aujourd'hui de tous les médias. Alors pourquoi ne serait-ce pas la contrainte pour le service public ? Encore faut-il en avoir la volonté profonde et oser prendre résolument le taureau par les cornes au risque d'être impopulaire.

1. Présentation des comptes 2007 de France Télévisions.

Des cadres sans pouvoir

Grosse déprime

Pour être cadre à France Télévisions il faut être courtisan comme au temps des rois de France ; intrigant comme à la cour de Florence ; diplomate comme un ambassadeur sur une terre hostile ; prudent comme Aristote ; rusé comme Ulysse ; toujours avoir l'air convaincu sans croire en rien si ce n'est à la possibilité, au mieux, de grimper les échelons de l'entreprise, au pire, de conserver sa position. Sortir de ce canevas général avec enthousiasme, dynamisme et désintérêt, c'est prendre des risques insensés.

Les syndicats de France Télévisions sont doués pour mettre en condition tout nouveau cadre dès sa nomination. Une sorte de bizutage. Prenez ce nouveau responsable de programmes. Il a derrière lui un solide parcours dans les médias privés. Avant qu'il ait le temps d'en prendre l'initiative, un membre du comité d'établissement lui demande un rendez-vous, « à la fois pour des raisons professionnelles et des raisons personnelles ». Pour le syndicaliste, c'est déjà une manière de prendre la main. Le rendez-vous est accordé.

Le représentant syndical instaure le tutoiement et évoque sur un ton badin les relations sociales : « Tu sais, on s'affronte, on n'est pas d'accord, c'est un peu comme un jeu, mais on peut se parler. » Soit. Le visiteur poursuit : « En plus de mon emploi, je travaille avec un producteur privé. Ton prédécesseur me donnait un film à faire tous les ans. » Le cadre répond : « Nous recevons beaucoup de projets de documentaires sur la base de dossiers écrits, élaborés par des réalisateurs et des producteurs. Il faut en permanence procéder à des choix en fonction de l'intérêt du sujet, de notre ligne éditoriale et de l'état de nos engagements financiers. » Visiblement ce n'est pas la réponse qu'attendait le visiteur.

À compter de ce jour, le nouveau directeur des programmes n'a plus cessé d'être la cible des syndicats. Avec un investissement de quelques dizaines de milliers d'euros dans un documentaire, il aurait pu acheter la paix sociale. Si l'on peut mettre au passif de ce manager sa naïveté et peut-être une droiture excessive, il faut reconnaître que Patrick de Carolis ne s'en sort pas mieux avec sa souplesse légendaire. Il dirige une société de 11 000 salariés, mais il est pieds et poings liés.

Paralysie générale

L'histoire commence le 20 janvier 2006. Ce jour-là, Patrick de Carolis reçoit un rapport de l'Inspection générale des finances relatif aux unités régionales de production (URP) rattachées à France 3, et au gouffre financier qu'elles représentent.

Les unités régionales de production sont des outils de pointe, implantées à travers la France, dotées de six cars régies, d'unités de post-production et d'équipes de tournage. Elles sont fortes de 470 salariés, mais elles coûtent cher, trop cher. Elles ont la réputation d'être environ 30 % plus chères que les sociétés privées. Parfois l'écart est même plus important, pour des prestations équivalentes.

En 2007, pour l'enregistrement d'un concert dans le sud de la France, France 2 a fait appel à un gros car régie avec tout le nécessaire de tournage de la filière de production de France 3. Le prix était deux fois plus élevé que si un prestataire privé avait fait le travail. Second cas : toujours pour le tournage d'un concert, cette fois dans le nord de la France. Là, c'est pour garantir la paix sociale que le travail fut confié à une unité régionale de production. Prix : 45 000 euros. La direction régionale ne disposant pas de cette somme, des partenaires privés et une collectivité acceptèrent d'apporter leur aide. Ce que les généreux donateurs n'ont jamais su, c'est qu'une société privée avait réalisé un devis d'un montant deux fois moins élevé. Déjà financée par la redevance, la télévision publique avait eu besoin d'argent supplémentaire, provenant pour partie à nouveau des Français, pour subvenir au surcoût de ses activités.

En 2006, les URP ont affiché un résultat d'exploitation négatif de 3,7 millions d'euros. L'Inspection générale des finances est alors catégorique : il faut s'engager dans « un schéma de défaisance », joli néologisme pour dire qu'il faut s'en débarrasser. Même un audit interne de France Télévisions dénonce pêle-mêle des charges de structure au double du ratio traditionnel, un manque de flexibilité, un recours aux intermittents sept fois supérieur au ratio du marché. Mais de Carolis négocie avec la Tutelle. Contre l'avis de Bercy et de son propre directeur général en charge des finances, il décide de garder les URP en promettant d'économiser 7 millions d'euros en deux ans. Un pari fou.

Le chantier de la réforme est confié à un homme de dialogue, parfait connaisseur de l'outil de production et dont le visage est resté familier aux aficionados de « Stade 2 », l'ancien journaliste Gilles Cozanet.

Tout le monde à France Télévisions sait comment « sauver les URP » : structurer mieux, travailler plus, faire baisser le coût des prestations, accueillir de nouveaux clients. Oui, mais voilà... il y a les syndicats. Leur discours est immuable, stéréotypé, tenant plus du réflexe que de la réflexion. Premièrement, on ne touche à rien. Deuxièmement, s'il y a un problème, c'est la faute de la direction. Troisièmement, s'il y a un souci financier, il faut que l'État comble le trou au nom de la défense de la « qualité du service public ». Et s'ils n'obtiennent pas satisfaction, les syndicats déroulent leur arsenal, lui aussi intangible : d'abord un tract assassin, ensuite une menace de grève, et enfin une grève touchant des programmes phares ou sensibles. Dans l'audiovisuel public, la grève est un art de vivre.

Pour réformer les URP, les réunions et les palabres durent des mois. Gilles Cozanet en a plein le dos de faire le tour des régions. Il explique inlassablement que le but est de sauver la filière de production, qu'il y a péril en la demeure et urgence. Les syndicats mettent en doute les chiffres sur l'ampleur des difficultés. Pour montrer sa bonne foi, France Télévisions ordonne une expertise indépendante par une société privée.

Toutes les données financières sont confirmées, mais la pression syndicale continue. Des grèves sporadiques sont organisées, l'émission « Ce soir (ou jamais !) » en fait les frais. Particulièrement astucieux, les syndicalistes de France 3 inventent le concept de la grève d'une heure par jour. Cela suffit pour désorganiser fortement la fabrication, en impactant a minima la feuille de paye. Les journaux télévisés nationaux et régionaux sont touchés. Et, sans JT, les écrans publicitaires parmi ceux qui rapportent le plus ne peuvent pas être diffusés. Après de lourdes pertes, la direction tente un passage en force : remplacer les JT avec présentateur par des journaux tout en images. Les syndicalistes alertent l'Inspection du travail pour dénoncer un bris de grève, les avocats de France 3 s'en mêlent et gagnent. Puis, déjà, Roland Garros 2007 et le Tour de France se profilent à l'horizon, deux opérations de prestige du service public, assurées par les unités de production. Les syndicats font planer la menace d'une grève. L'arme absolue.

Le « plan Cozanet » est retiré. Les syndicats crient victoire. La direction de France Télévisions aussi ! Le 1er novembre 2007, le président de France Télévisions signe un communiqué triomphal. Le plan de restructuration est devenu la « planification verticale ». Les unités régionales de production sont devenues la « filière de production ». Une nouvelle organisation et un nouveau nom, là où il aurait fallu être radical. France Télévisions vient de créer une bombe à retardement. Et effectivement, un an après le communiqué triomphal de Patrick de Carolis, Bercy remontait à la charge pour s'interroger sur la pertinence de maintenir la filière de production.

Les dirigeants arrivent, partent. Les syndicats restent, regardent avec malice les nouveaux venus expliquer leurs projets, leurs enthousiasmes, leurs désirs. Ensuite, ils discutent avec eux, de tout, absolument de tout : des orientations stratégiques, des embauches, des mutations, des augmentations. C'est de la cogestion qui ne dit pas son nom. Ils attendent le faux pas, comme des chasseurs à l'affût.

Tranxène pour les cadres, amphétamines pour les salariés

Au sein de France Télévisions, tout semble être un dû. Aussi, gare au cadre qui tente de toucher aux « avantages acquis » : la rébellion est immédiate, d'abord au niveau individuel, puis, dans les minutes qui suivent, au niveau du corps tout entier. Celui qui veut réduire les coûts de fabrication est présenté comme celui qui est prêt à offrir au public une télé de mauvaise qualité. Le constat est cruel : la télévision publique a toutes les peines du monde à imaginer et à imposer une réduction de ses coûts.

Citons le cas d'un magazine hebdomadaire proposé par une antenne régionale de France 3. Le principe est classique : deux animateurs découvrent un lieu et « lancent » des reportages. Historiquement, le magazine était tourné avec un car régie, une aberration complète aux yeux de toute personne qui connaît un peu la production audiovisuelle. Le car régie est lourd et encombrant, en principe réservé à des directs, ce qui n'était pas le cas ici. Par ailleurs, l'équipement nécessite une alimentation électrique, soit à travers un « branchement forain », soit à travers un groupe électrogène. Enfin, avec leurs câbles reliés à la régie, les caméras sont privées de toute souplesse. À France 3, la sortie de ce car nécessite près d'une vingtaine de salariés, là où dans le privé il faut deux à trois fois moins de personnel. La décision est donc prise de mettre un terme à ces pratiques pour réaliser le tournage avec des moyens plus légers, en l'occurrence deux cameramen, un preneur de son, un éclairagiste, un réalisateur. Tollé en comité d'établissement, mais la direction maintient le cap. Commence alors un combat larvé.

Au fil des tournages, techniciens, réalisateurs, syndicalistes exigent une scripte, un chargé de production, un régisseur, un deuxième preneur de son, un deuxième éclairagiste, un ou deux machinistes. Lorsqu'un administrateur tente d'y mettre un coup d'arrêt, il a droit à toute une série de réponses. D'abord, son directeur technique : « Allez, prends le machiniste et l'éclairagiste, je n'ai pas de boulot pour eux. » Ensuite, l'animatrice : « Non, vraiment, on est une bonne équipe, on aime bien aller sur le terrain ensemble, c'est sympa, on mange ensemble. » Enfin, le régisseur : « Vous allez casser la qualité de l'émission. » C'est l'ultime menace.

Bien évidemment toute la station régionale est informée des intentions de l'administrateur. Pour garder un semblant de bonne figure, il transige et réduit seulement les effectifs d'un preneur de son. Ce n'est toujours pas suffisant : les techniciens refusent de se rendre sur le lieu de tournage tant qu'il n'y aura pas le dispositif technique initial. Au final, avec ou sans car régie, les moyens humains mis en œuvre sont presque identiques. Affaire close. Microscopique chantier de réforme enterré. Même les cadres, épuisés, ont fini par jeter l'éponge.

Dans une autre station régionale, une autre affaire récente est restée célèbre. Elle concerne le tournage d'un documentaire. Généralement dans le cadre des contrats de coproductions, les sociétés privées assurent les prises de vues et France Télévisions fournit les moyens techniques de montage. Et pour cause... Toute la filière de production française le sait : tourner des films avec les équipes de l'audiovisuel public relève d'un casse-tête insensé. Il faut prévoir des plannings en tenant compte non pas des contraintes du tournage, mais des impératifs des salariés de France Télévisions. Heure d'arrivée, temps de préparation du matériel, heure de la pause repas, durée de la pause, heure d'arrêt du tournage, temps de déplacement pour le retour, absolument tout doit être prévu sur la feuille de service. Aucun cadre de l'audiovisuel n'a jamais réussi à instaurer un peu de souplesse et de réactivité dans le dispositif.

Les éventuels arrangements avec la lourdeur de l'audiovisuel public ne peuvent se faire qu'avec le réalisateur qui coordonne les équipes sur le terrain, à condition bien sûr que les salariés en tirent un bénéfice. Parmi les avantages auxquels les salariés de France Télévisions sont sensibles, il y a la réservation d'un bon repas, un accord général avec toute l'équipe sur des heures supplémentaires imaginaires, les fausses notes de frais, etc.

Dans le cas présent, une interview est prévue à 18 heures avec une personnalité politique étrangère. Obtenir le rendez-vous a été long et compliqué. À

17 h 55 l'attachée de presse de la personnalité se manifeste téléphoniquement pour signaler un retard d'une vingtaine de minutes. La chargée de production prend note et transmet l'information à l'équipe technique de France 3. L'opérateur de prises de vues, l'éclairagiste, le preneur de son et le machiniste s'éloignent alors de dix pas et se concertent. Au bout de quelques minutes, ils reviennent. La sanction tombe : « Là, il est 18 heures, l'heure de fin de tournage prévue sur notre planning, donc, on arrête, on range et on rentre. »

Le réalisateur se joint alors à la chargée de production pour les convaincre, en leur rappelant qu'ils bénéficieront du paiement d'heures supplémentaires, ou qu'il est possible de s'arranger pour que le repas du soir soit aussi pris en charge par la télé. Un chef de service est alerté. Il tente à son tour une conciliation téléphonique. Cela ne sert à rien. Le cadre n'est même plus exaspéré : « Cela arrive tout le temps. Ils ont les textes réglementaires pour eux. Je ne peux pas les obliger. » Les quatre salariés veulent rentrer à la maison. L'interview de la personnalité politique n'a jamais eu lieu.

Gangrène dans les rédactions

Les rédactions de France 2 et de France 3 sont à manier comme de la nitroglycérine. Rappelez-vous le film *Le Salaire de la peur*, c'est exactement cela : être à la tête d'une rédaction, c'est se trouver à la place d'Yves Montand et de Charles Vanel dans la cabine d'un vieux camion sur une route défoncée avec derrière soi un chargement hautement explosif. Un rédacteur en chef témoigne : « Combien de fois la direction de l'information ne m'a-t-elle pas dit : "Il faut aller moins vite. Il faut respecter le rythme chronobiologique de France Télévisions. Ici il faut du temps, beaucoup de temps" ? »

L'attitude de Patrick de Carolis est révélatrice. En 2005, lorsqu'il plaidait sa cause pour obtenir la présidence de France Télévisions, il déclarait : « Pour mettre un terme aux rivalités souvent stériles, je proposerai aux rédactions de créer un nouvel esprit, de clarifier leurs missions éditoriales respectives et de mettre en commun, par étapes et dans la concertation, un certain nombre d'outils logistiques et techniques, dans le respect de leur spécificité[1]. » Le propos était cohérent, la démarche louable.

Deux mois après son intervention devant le Conseil supérieur de l'audiovisuel et une fois à la tête de France Télévisions, Patrick de Carolis reçoit la CGT du groupe France Télévisions pendant près de trois heures. Changement de discours. Il explique notamment : « Je ne suis pas favorable aux fusions. Ce n'est pas mon objectif. J'ai demandé aux deux directeurs de l'info de France 2 et France 3 de se parler et d'avoir une stratégie offensive vers l'extérieur. Il ne s'agit pas de répartir les territoires mais de personnaliser les JT et les rédactions, de me faire des propositions. Il est hors de question par exemple de n'envoyer qu'une seule équipe d'une seule rédaction à l'étranger. Il faut que le téléspectateur puisse trouver

1. Audition par le Conseil supérieur de l'audiovisuel, 5 juillet 2005.

des sujets traités différemment par France 2 et par France 3, sur un même événement[1]. » Cela s'appelle une prudente marche arrière. Patrick de Carolis sait que rapprocher d'une manière ou d'une autre les rédactions de France 2 et de France 3 est exactement le sujet qui fâche.

Pour mesurer le poids et l'immobilisme des rédactions de l'audiovisuel public, des anecdotes sont révélatrices. « Pendant l'élection présidentielle, Patrice Duhamel [numéro deux de France Télévisions]avait réussi un exploit : une seule caméra dans les cours des ministères et des préfectures. Et pour le soir de l'élection, en coulisses, un buffet commun (trois heures de réunion pour y parvenir !), une seule et même porte d'entrée pour les politiques (une journée de négociations)... Duhamel a même rêvé un temps que France 2 couvre l'élection nationale, et France 3, les élections locales. Là, il était un peu optimiste[2]. »

Au printemps 2007 toujours, il a fallu démultiplier les réunions d'une rédaction de province pour choisir collectivement les aménagements, les matériaux et les couleurs d'une « news room » à rénover. Une assemblée générale du personnel a même été organisée. La direction, l'architecte et le maître d'œuvre ont été soumis à un véritable tribunal populaire alors que l'espace vital de chaque salarié était largement supérieur à celui habituellement proposé dans les rédactions françaises. Pour assister à cette réunion, le

---

1. Compte rendu de la rencontre par la CGT, 8 septembre 2006.
2. *Télérama*, 1er décembre 2007.

personnel a exigé d'être rémunéré. Il a obtenu gain de cause. La direction a voulu éviter une autre assemblée générale pour se justifier du non-paiement des heures supplémentaires !

Autre histoire : du 12 au 14 septembre 2008, France Télévisions a bouleversé ses programmes en retransmettant en direct la première visite officielle du pape Benoît XVI en France. Le vendredi 12 septembre, le journal de 13 heures de France 2 s'est trouvé retardé de quinze minutes. Cela était déjà arrivé à trois occasions : les obsèques de l'abbé Pierre, le record du monde de vitesse du TGV et l'hommage aux dix soldats français tués en Afghanistan. Pourtant cela a donné lieu à une protestation officielle de la Société des journalistes de France 2 qui a considéré que le retard du journal posait un problème de fidélisation pour les téléspectateurs. Tout, vraiment tout, est bon pour protester, revendiquer, déstabiliser.

Le 21 octobre 2008, France 2 diffuse dans son journal un sujet sur le paradis fiscal luxembourgeois. Le journaliste intègre dans son reportage un plateau en situation devant une machine à laver pour illustrer la mécanique du blanchiment de l'argent sale. La mise en scène a plus des allures de sympathique divertissement que d'explication classique. Invité à réagir en direct, le Premier ministre luxembourgeois Jean-Claude Juncker est indigné et parle d'un « reportage ridicule, superficiel, d'un journaliste primaire ». Dans la foulée, Arlette Chabot, directrice de l'information de France 2, lui adresse une lettre d'excuses. Extrait : « Je vous demande de ne pas considérer ce reportage comme une nouvelle manifestation de l'arrogance franco-française mais plutôt comme une insuffisance professionnelle. La frontière entre paradis fiscal, blanchiment d'argent et secret bancaire n'était pas vraiment établie. La mise en images était facile, voire de mauvais goût. » La lettre, qui devait rester privée et confidentielle, a été dévoilée. Évidemment les journalistes de France 2 se sont offusqués et les syndicats ont diffusé un communiqué : « Le rôle d'une directrice de l'information est-il de dénoncer auprès des hommes politiques l'insuffisance professionnelle de ses journalistes ou au contraire de laver son linge sale en famille ? » L'affaire est révélatrice du caractère explosif d'une rédaction du service public, de la difficulté d'agir pour un rédacteur en chef et du risque permanent de déstabilisation. La rédaction de France 2, qui s'en était déjà prise à Arlette Chabot par le passé, a trouvé là une occasion rêvée de continuer le combat. Et rien n'interdit de penser que certains ont pu alimenter le feu en coulisses dans la perspective d'une guerre des chefs le jour où se présentera la rédaction commune de France 2 et de France 3.

Pour reprendre l'image du *Salaire de la peur*, avec de tels comportements, le conducteur le plus téméraire d'un camion chargé de nitroglycérine peut être tenté soit de lâcher son volant, soit de foncer délibérément sur un nid-de-poule en sautant de la cabine juste à temps avant que tout explose.

L'art de louvoyer

Tous les médias d'Europe ont pris le chemin de la rénovation. Tous les économistes des médias considèrent que les synergies sont indispensables pour réduire les coûts. France Télévisions doit y passer, mais les salariés résistent, les cadres s'essoufflent.

Arnaud Lagardère a créé Lagardère News, un desk numérique capable de faire circuler et de mettre en valeur les informations du *Journal du dimanche*, de *Paris Match*, d'Europe 1 et de Newsweb. Le groupe Bouygues fusionne les rédactions de TF1 et de LCI. À la BBC en Grande-Bretagne, les services TV, Internet, radio et la rédaction de BBC World News travaillent ensemble dans un « pôle multimédia d'informations internationales ».

Le 18 mai 2008, Patrick de Carolis affirmait encore : « Je ne suis pas favorable à une fusion des rédactions de France 2 et de France 3. N'agitons pas de chiffon rouge inutilement, mais soyons audacieux sans provocation [1]. » Cependant les rumeurs persistent. Une nouvelle information est diffusée par la presse : « À France Télévisions un directeur unique de l'information devrait être nommé d'ici le 1er janvier 2009. Patrick de Carolis a le choix entre Arlette Chabot (France 2) et Paul Nahon (France 3) ou un outsider [2]. » Qui croire ? Comment échapper aux luttes de pouvoir ? Comment se mobiliser sur des projets lorsque l'avenir est si incertain ?

Le 22 octobre 2008, France Télévisions finit par annoncer dans un communiqué que, dans le cadre du passage à l'entreprise unique, le directeur général de

1. Interview de Patrick de Carolis par Jonathan Bouchet-Petersen, *Le Journal du dimanche*, 18 mai 2008.

2. *Challenges*, 2 octobre 2008.

France 2 se voit confier « une mission sur l'organisation de l'information du groupe et une mission sur l'organisation de la technologie et des moyens de fabrication ».

C'est bien la technique au sein de France Télévisions. On commence par confier une mission à quelqu'un. Puis, on organise des groupes de travail. Un peu plus tard, on mène une expérimentation, et un jour, au bout de longs, très longs mois ou années, la décision tombe. En réalité, tout était déjà prévu et décidé dès l'origine. Le cynisme est poussé à son paroxysme avec ce commentaire récurrent : « Mais on vous en avait parlé, vous étiez d'accord ! » Le simple fait d'être présent à une quelconque réunion a valeur d'adhésion.

Malgré l'adversité, certains cadres tentent le chemin de la refondation même si c'est au prix de compromissions guère plus louables. Direction une capitale provinciale. Le patron de cette direction régionale de France 3 veut obliger les salariés à planifier leurs vacances avec plusieurs mois d'avance pour mieux organiser l'activité. Le personnel pousse des cris d'orfraie. Le plan du directeur est lancé au moment où la station s'apprête à fêter le quarantième anniversaire de sa création. Entre programmes exceptionnels et festivités diverses, le travail ne manque pas. Pour récompenser les équipes, le directeur organise des festivités prestigieuses avec l'argent public pour les salariés de France 3 et leurs familles. On n'en avait jamais vu de telles en province. Il distribue aussi des primes et accorde des promotions exceptionnelles hors de tout cadre habituel. Parmi les promus figurent les plus forts en gueule du comité d'établissement et quelques techniciens charismatiques. Résultat : le projet du nouveau directeur régional passe comme une lettre à la poste. Depuis, d'autres directeurs de la télévision publique ont utilisé la même « technique d'achat des syndicalistes ». À trois cents kilomètres de là, une journaliste, syndicaliste intransigeante clamant depuis des lustres son indépendance et son combat pour la défense des salariés, a obtenu une augmentation en toute discrétion. Petit hic... elle n'est pas moins acharnée en comité d'établissement.

Un autre procédé pour les cadres de l'audiovisuel public consiste à avancer masqués. Un cas emblématique remonte au 3 septembre 2008. Ce jour-là, René Maisonneuve, directeur général adjoint de France Télévisions, en charge des ressources humaines, réunit à Paris tous les directeurs des ressources humaines de France 3. Il leur explique et leur répète sur tous les tons qu'il n'est pas question de procéder à des licenciements et qu'aucun plan social n'est en préparation à France Télévisions. À charge pour les cadres de diffuser la bonne parole dans tout l'Hexagone pour calmer les inquiétudes du personnel. Mais l'un des participants à la réunion confie à la sortie : « Soit Maisonneuve n'est pas lucide, soit il ne dit pas la vérité. Pour que le compte soit bon un jour, il faut licencier. D'ailleurs, si on supprimait quelques centaines de postes administratifs au siège de France Télévisions, cela ne changerait strictement rien, l'entreprise continuerait à tourner comme la veille. »

Deux cent cinquante salariés à la communication, 300 aux finances, 350 aux ressources humaines. Cela fait beaucoup de monde. Mais au-delà d'une prévision de 900 départs volontaires d'ici à 2012, France

Télévisions préfère donner des instructions pour stopper le recours aux intermittents du spectacle. Quant à Patrick de Carolis, il reste dans les généralités, c'est moins risqué : « Nous faisons une télévision dont le modèle économique n'est plus adapté à la réalité du marché audiovisuel d'aujourd'hui. La réforme de la télévision publique ne sera pas financée si le groupe France Télévisions n'est pas réformé. »

Des renforts pour avoir la paix

Depuis toujours, les chaînes publiques, malgré leurs effectifs pléthoriques, ont besoin de beaucoup de renforts. Selon un rapport de 2004, à France 2, le recours moyen aux intermittents par rapport au travail des salariés permanents représente 27 %. À France 3, le ratio est de 25 %. Le recours à l'emploi non permanent est deux fois plus important dans l'audiovisuel public qu'à TF1. S'ajoutent des records...

Pour « Stade 2 », le recours aux intermittents représente 56,5 % ; pour l'actualité sportive des journées télévisées de France 2, le taux est de 37,2 % ; pour la rédaction nationale de France 3, il grimpe à 40 %. À France 3, en régions, les monteurs intermittents du spectacle représentaient au moment du rapport 23 500 jours de travail. À la régie finale de France 3, où l'activité est linéaire, régulière et normée, le temps de présence se limite à une centaine de jours par an en moyenne en raison d'une multitude d'accords. Même pour les documentaires de l'antenne nationale de France 3, il faut des intermittents pour lire les projets : plus de 1 000 jours par an au moment de l'analyse. S'ajoute encore « l'accord du dimanche » de

France 3, qui dispose que, ce jour-là, l'activité liée aux éditions d'information donne lieu, en plus d'une rémunération supérieure, à récupération égale au temps travaillé en heures normales[1].

Bernard Gourinchas, auteur de l'enquête, expliquait ces recours massifs à l'intermittence par « la difficile maîtrise du management sur la planification des absences des techniciens permanents, qu'il s'agisse d'absences liées à des éléments variables comme les récupérations, mais aussi à des données stables comme les congés légaux ou conventionnels et d'une partie des jours de RTT, en raison des contraintes liées aux différents textes réglementaires[2] ».

Les intermittents sont au cœur d'un bras de fer permanent. Les syndicats réclament que la moindre absence pour congé, formation ou vacances donne lieu à un remplacement et réclament que les « intermittents historiques » soient titularisés. Les accords avec la direction sont légion. En 2005, par exemple, des négociations ont abouti à l'intégration de 165 équivalents temps pleins. Mais des milliers d'intermittents travaillent toujours pour France Télévisions. Rien qu'à France 3, ils sont 4 000. Et dans les régions, France 3 est le premier employeur d'intermittents.

Le rapport Gourinchas n'a pas changé grand-chose à France 2. À France 3, en revanche, de gros efforts ont été faits : le nombre de contrats a été réduit de

1. Rapport de Bernard Gourinchas pour le ministre de la Culture sur « le recours à l'intermittence dans l'audiovisuel public » (en particulier pages 8 à 16), janvier 2004.

2. Idem.

moitié, au prix d'un casse-tête et d'une pression permanente pour les cadres chargés de la planification. Les dirigeants veulent arriver à « zéro contrat ». Pourtant personne ne le dit officiellement et personne ne le reconnaîtra jamais. D'ailleurs il n'y a ni trace écrite, ni note de service, ce serait beaucoup trop risqué socialement.

Les questions s'accumulent : que va-t-on faire des accords qui prévoyaient l'intégration des collaborateurs dits historiques ? Comment le groupe public, qui par sa politique salariale a favorisé le développement du nombre des intermittents, va-t-il se dégager moralement de sa responsabilité à leur égard ? Comment va-t-il gérer en interne l'arrêt des renforts ? Lorsque les intermittents se révolteront, ce qui ne manquera pas d'arriver, le gouvernement ne sera-t-il pas tenté de dire à France Télévisions de faire preuve de souplesse ? Cela s'est déjà vu par le passé. Que va faire France Télévisions de ses innombrables agents administratifs qui sont exclusivement attachés à l'établissement des contrats des intermittents ? Avec l'objectif de « zéro contrat », combien d'intermittents du spectacle qui ont bénéficié d'un contrat à répétition engageront des procédures devant les conseils de prud'hommes pour obtenir à la fois une intégration dans l'audiovisuel public et un dédommagement financier ?

En septembre 2007, le conseil des prud'hommes de Nantes a condamné France 3 à verser près de 170 000 euros à une salariée qui avait cumulé 508 contrats à durée déterminée en quatorze ans sans jamais avoir été titularisée[1]. Un an plus tard, un autre collaborateur régulier de la chaîne dont les contrats ont été interrompus a obtenu de l'ordre de 100 000 euros d'un conseil des prud'hommes. Ces jugements ont donné des idées à ceux qui se trouvent dans des cas similaires. Certains ont tenté le chantage : soit vous me recrutez, soit je vous poursuis. D'autres, bénéficiaires jusque-là de contrats réguliers ou d'une mensualisation de leur collaboration, ont poussé la porte des prud'hommes. Des estimations financières ont été réalisées fin 2008 : la facture finale risque de s'élever à plusieurs dizaines de millions d'euros pour France Télévisions, que ce soit en procès perdus ou en négociations avec les intermittents pour éviter un déballage public de certaines pratiques.

Là encore, l'histoire est cruelle. Cruelle parce que France Télévisions n'a pas tiré les leçons du passé. Cruelle aussi parce que même les déclarations des plus hauts responsables de l'État n'ont servi à rien. Le 22 mai 2003, Jean-Jacques Aillagon, alors ministre de la Culture, avait écrit au patron de France Télévisions : « Je considère que le service public de l'audiovisuel doit être exemplaire. Il doit notamment être à l'abri de toute critique concernant le recours injustifié à l'intermittence par ses propres services et par ses prestataires. (...) Je compte donc sur votre particulière vigilance et vous invite à faire procéder à des vérifications régulières de manière à nous garantir contre tout risque d'abus dans le recours à l'intermittence (...). Ce que je condamne, c'est le recours systématique et

1. AFP, 29 septembre 2007.

inapproprié. » Même Jacques Chirac, président de la République, était monté au créneau le 14 juillet 2003 en évoquant le statut des intermittents du spectacle : « Un certain nombre d'entreprises de l'audiovisuel ou du spectacle en ont profité pour détourner ce régime et, en réalité, faire prendre en charge leurs dépenses de personnels par l'ensemble des salariés. Ce qui n'était évidemment pas acceptable... La première chose, c'est de poursuivre, avec sévérité, notamment par l'Inspection du travail, et je l'ai demandé au gouvernement, les abus qui ont été faits par ces entreprises, qui sont condamnables et qui doivent être condamnés et sanctionnés. »

La télévision publique a toujours été douée pour s'engager sur des pistes douteuses, pour s'y obstiner en toute conscience du danger, avant de s'embourber et d'appeler l'État à l'aide. Le passé montre aussi à quel point France Télévisions répète les erreurs sans en tirer de leçons. En 1992, à la demande de l'État, France 3 avait réduit de près de 300 le nombre de ses salariés permanents, mais dans le même temps la chaîne avait fait plus largement appel aux collaborateurs temporaires. Dès 1993, le nombre de salariés était supérieur de près de 100 postes à celui qui avait motivé la décision d'une réduction des effectifs[1]. En 1996, Alain Griotteray écrivait déjà : « Rien n'est simple dans l'audiovisuel public, d'autant qu'on a l'art de laisser traîner les problèmes[2]. »

---

1. Rapport de la Cour des comptes sur France Télévisions, 1998.
2. Alain Griotteray, *L'argent de la télévision*, Éditions du Rocher, 1996.

Au royaume du lèche-bottes blues

Il n'existe pas de véritable solidarité entre les cadres de France Télévisions, tout particulièrement au sein de l'encadrement lié aux programmes et à l'information. « Si un cadre a des soucis professionnels, que ce soit avec les syndicats ou avec ses supérieurs, d'autres se réjouiront. Au moins, pendant ce temps, ils ne seront pas eux-mêmes dans l'œil du cyclone ou pris par la patrouille. Et pas même question de donner un coup de téléphone de soutien, comme si celui qui est en difficulté était contagieux », ose raconter l'un d'eux sous le sceau de la confidentialité. Il ajoute : « De surcroît les dirigeants des chaînes ont une fâcheuse tendance à jouer des rivalités et ambitions pour infantiliser leurs cadres. Ils ne manquent jamais une occasion de rappeler subtilement et habilement à l'ordre celui qui manifesterait une nuance de désaccord avec sa hiérarchie. Le tout, de préférence en public pour que tout le monde le sache et que l'anecdote se répète, soit déformée, amplifiée. »

Pourtant, dans les entretiens de recrutement des cadres, une question est quasi obsessionnelle : « Quelle est votre définition de la loyauté et considérez-vous que vous êtes quelqu'un de loyal ? » Déjà au stade de l'embauche, le dirigeant a donc peur de son cadre.

En juin 1998, démissionnant de ses fonctions de directeur de la rédaction de France 2 après seulement dix mois, Albert Du Roy avait diffusé une note éloquente. Il dénonçait pêle-mêle : « Un encadrement peu solidaire, les hypocrites qui pratiquent le double langage, les donneurs de leçons de morale, les bateleurs d'estrade, les pantouflards, les ambitieux, les médiocres, les syndicalistes, tous accrochés à leur corporatisme, la Société des journalistes qui poignarde et s'en lave les mains, et ceux qui n'arrêtent pas de régler leurs comptes avec le passé [1]. » Coincé entre la présidence de France Télévisions qui réclamait des changements et la rédaction divisée en clans, il était à l'époque le septième directeur de l'information à jeter l'éponge en l'espace de dix ans.

Assurément, quiconque aime flatter, est doué pour se placer constamment dans le sens du vent, sait renier ses principes et ses valeurs pour faire avancer son plan de carrière, a sa place dans l'audiovisuel public.

Il y a quelques années, un cadre d'une chaîne du groupe public, spécialiste depuis longtemps de ces principes-là, pose sa candidature pour diriger un service dans lequel il avait déjà travaillé par le passé. Le rapport du recruteur est implacable. Il évoque le souvenir « terrible » laissé par le cadre, un style autoritaire et l'absence de solidarité avec les autres cadres. Le recruteur conclut que la candidature est impossible à suivre. La note est transmise à la direction de la chaîne. Elle n'en tient pas compte. Erreur de management ? Calcul politique ? Récompense du lèche-bottes blues ? En tout cas, la nomination du cadre, précisément là où il avait laissé un souvenir « terrible », a lieu, non sans que soient soulignées ses « grandes qualités humaines et professionnelles ». Mais, il n'a pas

1. Lettre à la rédaction de France 2 et interview dans *Libération*, 8 juin 1998.

fallu plus de six mois après son entrée en fonction pour que tout vole en éclats : licenciements, mises au placard, afflux de consultations chez le médecin du travail, procédures judiciaires. Dans une entreprise privée, le cadre aurait été licencié pour une accumulation insensée de fautes professionnelles, mais dans l'audiovisuel public rien, strictement rien. Dans l'équipe de direction, on commente : « C'est toujours comme ça. Tant que les syndicats ne s'en mêlent pas, il ne se passe rien. »

« Une gestion humaine déplorable »

Un directeur des ressources humaines de France Télévisions reconnaît : « Nous avons d'énormes progrès à faire en matière de gestion humaine. Nous ne savons pas gérer les conflits. Nous sommes spécialistes pour laisser des situations s'envenimer parce que personne n'ose trancher. » Avec tant de lucidité et de clairvoyance, il n'est pas sûr que ce DRH, venu du privé, supporte longtemps l'audiovisuel public, à moins qu'on ne l'invite à aller voir ailleurs.

L'entreprise est également incapable de faire le tri entre des managers talentueux et les autres. Les directeurs d'antenne qui ont largement fait leurs preuves, les brillants rédacteurs en chef, les cadres techniques de talent qui sollicitent une nouvelle affectation au sein du groupe sont légion. Mais ces demandes sont souvent vécues par la hiérarchie comme « un problème de plus à régler ». Alors on ne fait rien, ou plutôt on fait croire qu'on s'en occupe avec le recours à l'art éprouvé de la technique de la patate chaude. Chacun à son échelon transmet le dossier à un autre, ce qui lui permet de dire : « Je m'en suis occupé, il faut voir avec Untel ou Untelle. » Finalement, le plus souvent, rien ne se passe. Le salarié dynamique désespère. Parfois, il quitte l'audiovisuel public pour rejoindre le secteur privé. Parfois, il finit blasé, aigri.

Ce qui est vrai pour les hommes de l'ombre peut être vrai aussi pour les personnages connus du grand public, y compris lorsqu'ils ont beaucoup œuvré pour la maison. C'est le cas de Marie-Ange Nardi, animatrice de nombreuses émissions de France 2 et de France 3, et notamment de « Pyramide ». Après plus de vingt ans dans le service public, elle a rejoint TF1 en 2008 au terme d'un douloureux parcours qu'elle a révélé elle-même : « J'ai tout fait pour rencontrer les dirigeants de France Télévisions car j'étais dans un paradoxe ahurissant. Je n'avais plus d'émission, à part la virgule quotidienne du "Millionnaire", mais dans le même temps, je n'avais pas le droit d'aller en animer ailleurs à cause de la fameuse clause d'exclusivité dont a déjà pâti Thierry Ardisson. On n'a pas daigné me recevoir, ni même me prendre au téléphone. La gestion des ressources humaines sur France Télévisions est déplorable [1]. »

Jeux de pouvoir

L'État a en permanence la possibilité de serrer ou de desserrer les cordons de la bourse. Comment dès lors les dirigeants de France Télévisions pourraient-ils

1. *Télé Loisirs*, 5 avril 2008.

être indépendants du pouvoir ? Comment pourraient-ils ne pas être tentés de satisfaire les désirs d'un Président, d'un ministre, ou d'un parlementaire, au risque de ne pas obtenir l'argent promis ?

Patrick de Carolis a beau déclarer publiquement qu'il ne soumettra jamais aucune grille de programmes à quiconque, les faits sont là... Il suffit de regarder ce qui s'est passé pour la rentrée 2008-2009. Nicolas Sarkozy voulait plus de science, et voilà une émission avec les frères Bogdanoff sur France 2, les revenants de TF1 d'il y a trente ans. La musique du générique est signée du fils du Président ; la production est assurée par le fils d'Alain Juppé. Nicolas Sarkozy rêvait d'un remake d'« Apostrophes », et voilà une émission littéraire en prime time sur France 5, « La grande librairie », et « Café littéraire » sur France 2. Nicolas Sarkozy voulait du théâtre et de la grande musique régulièrement, qu'à cela ne tienne, Monsieur le Président aura des captations mensuelles, notamment de pièces de théâtre, et des retransmissions de grands événements en direct, comme par exemple les cérémonies du 11 Novembre. Nicolas Sarkozy voulait davantage d'émissions d'information, et voilà « Non élucidé » et « Les infiltrés » sur France 2, « Comme un vendredi » et « Pièces à conviction » sur France 3, mais aussi « une priorité permanente, systématique et stratégique pour les directs ». Nicolas Sarkozy voulait plus d'innovation, France Télévisions a annoncé trente émissions nouvelles sur les différentes antennes. Nicolas Sarkozy aime Christophe Hondelatte, le fait chevalier de l'ordre du Mérite le 16 mai 2008, et le voilà à la tête d'une série d'émissions sur France 2 et France 3. Nicolas Sarkozy aime Patrick Sabatier, et le voilà de retour sur la télévision publique, d'abord pour un remplacement d'été, ensuite avec « L'aventure inattendue », remake des émissions qui ont fait sa gloire dans les années 1980.

Xavier Darcos ne s'est même pas caché de ses interventions en expliquant qu'il souhaitait mettre en place une émission éducative sur le service public. Il a purement et simplement proposé à Patrick de Carolis de développer un concept de ce type qui serait diffusé chaque samedi matin [1].

Mi-octobre 2008, ce fut au tour de Christine Albanel de s'étonner auprès de la direction de France Télévisions de l'absence, sur France 2 notamment, d'une grande émission consacrée à la crise financière. Elle s'est, elle aussi, transformée en directrice des programmes pour réclamer une émission pédagogique diffusée après le JT de 20 heures, auquel participeraient des experts français et étrangers [2]. Le chef de l'État en a rajouté un couplet en déclarant devant son cabinet : « France 2 et France 3 continuent de faire leur petite émission ridicule avec Courbet et à couper les cheveux en quatre, alors qu'elles devraient se pencher sur la crise et faire une grande émission pédagogique sur le sujet. M. Duhamel préfère pleurer sur la pub perdue plutôt que de s'intéresser à l'actualité [3]. » C'est ainsi que France 5 a fini par proposer une

1. *Le Figaro*, 16 septembre, 2008.
2. *Le Figaro*, 10 octobre 2008.
3. *Le Canard enchaîné*, 15 octobre 2008.

émission sur la crise financière. Seule résistance des dirigeants de l'audiovisuel public au pouvoir, le programme a été diffusé à un jour et une heure impossibles : un dimanche, à 16 h 30, en l'occurrence le 30 novembre 2008. Cependant soyons juste, bien qu'un peu ironique, Nicolas Sarkozy appelle aussi Patrice Duhamel lorsqu'il est content. Il lui a téléphoné personnellement pour le féliciter de la couverture par France 2 des cérémonies du 11 Novembre.

Mais pourquoi fustiger l'attitude des hommes politiques lorsque des hommes de télévision eux-mêmes – animateurs, journalistes ou dirigeants – entretiennent des liens, parfois de proximité, parfois d'amitié, avec le Président, les ministres ou les parlementaires ? Michel Drucker fait du vélo avec Nicolas Sarkozy. Un certain nombre de présentateurs, et combien d'autres encore, sont allés voir le président de la République au cours de l'année 2008 pour obtenir un retour en grâce à la télévision publique. Sans tomber dans la rubrique people, combien de femmes journalistes de France Télévisions ont eu ou ont encore des relations affectives avec des ministres et des personnalités politiques ?

Dans ce ballet subtil de la télévision publique et de l'État, entre dépendance et indépendance, les dirigeants de France Télévisions ont leur arsenal : ils jouent des coudes pour gagner un peu de liberté, ils sont rompus à l'art de la langue de bois, ils multiplient les numéros de charme. Ainsi, le gouvernement et les parlementaires n'ont-ils pas une vision claire et juste de l'état de la télévision publique.

Au cours de l'été 2008, lorsque Roger Gicquel, directeur général adjoint de France 3, a fait un tour de France des directions régionales en compagnie de représentants de l'Inspection générale des finances, il a régulièrement demandé aux cadres régionaux de « sortir le grand jeu » et de faire « un beau show ».

Lorsque, chaque année, le président de France Télévisions est auditionné par les commissions de la culture et des finances du Sénat dans le cadre de l'exécution du contrat d'objectifs et de moyens, cela se passe entre gens de bonne compagnie, en moins de deux heures, à grand renfort de belles déclarations, bien loin d'un examen scrupuleux des comptes et des budgets.

Le 19 novembre 2008, pour ce rituel, Patrick de Carolis a fait fièrement état d'une augmentation de 34 % du nombre de visiteurs mensuels sur les sites de la télévision publique entre 2007 et 2008. Ce qu'il n'a pas dit, c'est que son groupe est dans les profondeurs du classement du « Top 100 » des offres du web français[1]. La bonne parole a été écoutée par des sénateurs ravis, sans que quiconque n'ait d'éléments pour porter la contradiction.

Lors de la même séance, Patrick de Carolis a affirmé : « Toutes les obligations prévues ont été remplies[2]. » L'un de ces indicateurs concerne la réduction des charges de personnel. Elles doivent baisser de 1,4 % en cinq ans, soit 0,28 % par an. Le président de France Télévisions n'en fait même pas état et personne ne l'interroge sur le sujet. Le lendemain pourtant, le sénateur

1. France Télévisions pointe à la 31e place, le groupe TF1 est 8e, selon Médiamétrie dans l'étude « L'audience de l'Internet en France », avril 2008.

2. Audition devant les commissions de la culture et des finances du Sénat dans le cadre de l'exécution du contrat d'objectifs et de moyens, 19 novembre 2008.

Claude Belot remet un rapport dans lequel il écrit : « l'objectif n'a pas encore été atteint. » Il stipule que le ratio des charges de personnel dans les charges d'exploitation « est demeuré de 36 % en 2008, comme en 2005 [1] ». D'un côté, Patrick de Carolis a noyé le poisson, de l'autre un sénateur a pointé un dysfonctionnement, mais cela ne change rien.

Quelques jours plus tôt, interrogée sur le contrôle de la gestion de France Télévisions, la ministre de la Culture avait répondu avec candeur : « La gestion a fait l'objet d'un rapport de l'Inspection générale des finances en 2006 [2] », et de contrôles de la Cour des comptes. Et c'est bien là que le bât blesse. Les contrôles détaillés sont réalisés a posteriori, les problèmes éventuels sont découverts sur le tard, de nouvelles équipes dirigeantes sont arrivées lorsqu'il s'agit d'appliquer des remèdes, et ces nouvelles équipes sont à leur tour à l'origine de dysfonctionnements.

Au final, les dirigeants de France Télévisions et leurs cadres sont des équilibristes permanents. Ils ne tranchent pas, ils louvoient, lâchent sans cesse du lest par crainte de subir des grèves ou de déplaire à la Tutelle ou à un quelconque groupe de pression. Ne reste finalement qu'une règle absolue : ne pas faire de vagues, le Paquebot pourrait tanguer.

---

1. Rapport général du compte « Avances à l'audiovisuel », rapporteur spécial Claude Belot, pour la loi de finances 2009, séance du 20 novembre 2008.

2. Annonce de Christine Albanel devant la commission spéciale chargée d'examiner la réforme de la télévision publique à l'Assemblée nationale, 5 novembre 2008.

Des gâchis depuis toujours

Des vrais patrons qui font défaut

Le 13 mai 2008 à 18 h 45, Françoise Laborde est dans les studios de Direct 8. La présentatrice des « Quatre vérités » de « Télématin » et joker du JT de France 2 est l'invitée de Jean-Marc Morandini pour son nouveau livre *Ça va mieux en le disant*. Elle déclare : « Vous savez, il y a des gens qui font de la télé avec le même entrain qu'ils vendaient auparavant des boulons ou des sprays. » Et à la question « Y a-t-il des vrais patrons à France Télévisions ? », elle a pour toute réponse un haussement d'épaules. C'est par écrit, dans son livre, qu'elle propose sa vision de France Télévisions : « Pour améliorer le service public, les recettes ne sont pas si rares et pas si compliquées. Prendre de vrais patrons de chaîne qui ne doivent rien à César ni à sa cour, en tout cas des gens de métier qui sachent diriger et tenir les comptes. Admettre qu'un patron de chaîne ne soit pas un affidé. Demander à chacun de se consacrer exclusivement à sa tâche, et non pas à sa propre gloire. Faire vivre l'entreprise selon des critères qui ne soient pas dignes des soviets (tu es l'ami du chef du parti, donc tu seras promu) mais sur ceux de la compétence. La France n'a pas assez de mémoire – et ses dirigeants non plus [1]. »

1. Françoise Laborde, *Ça va mieux en le disant*, Fayard, 2008, page 201.

Il y a cinquante ans, la télévision publique disposait d'un budget annuel de 100 millions d'euros. En 1968, il lui fallait déjà le double. En 2008, le budget de France Télévisions frôlait les 3 milliards d'euros, trente fois plus qu'aux origines. Si Valéry Giscard d'Estaing a éclaté l'ORTF en 1974, c'était déjà parce qu'il voulait mettre un terme aux gabegies de tous ordres. Mais il n'a pas fallu plus de quelques mois pour que les bunkers syndicaux soient reconstruits. Pire, ils se sont multipliés dans chacune des sept sociétés distinctes.

Le plus gros problème de l'époque fut la Société française de production, un merveilleux outil, mais aux charges financières énormes, à la productivité faible et aux coûts de fabrication largement supérieurs à ceux des sociétés privées. De quoi nous rappeler la filière de production de France Télévisions. Un seul exemple de l'organisation de la SFP résume la situation : l'envoi d'un preneur de son sur un tournage nécessitait à l'époque une dizaine d'opérations administratives. Trois ans seulement après sa constitution, la SFP se trouvait dans une situation de faillite virtuelle, en accumulant 36 millions d'euros de pertes. Les déficits d'exploitation fluctuaient entre 25 et 30 millions d'euros par an. En juillet 1996, l'État se décida à lancer une procédure de privatisation, mais tous les plans de reprise comportaient entre 300 et 400 suppressions de postes. Le plan fut donc suspendu et, un an plus tard, l'État injecta encore 130 millions d'euros dans la SFP. Il faudra attendre 2001 pour que la société soit privatisée, alors que la crise de la SFP avait été annoncée dès 1978 par le Sénat. Au passage, l'immeuble des Buttes-Chaumont fut bradé au groupe Bouygues pour 16 millions d'euros alors qu'il aurait pu être vendu 60 millions d'euros[1].

Des animateurs qui roulent sur l'or

Lorsque Jean-Pierre Elkabbach a pris la tête de la télévision publique, en décembre 1993, il a d'emblée annoncé que l'heure de la rigueur avait sonné. Avec cette précision : certains hauts salaires des chaînes publiques vont baisser de 30 à 40 %. Les présidents de l'audiovisuel public veulent toujours être les sauveurs, les champions de la rénovation et les spécialistes de la reprise en main. En réalité, Jean-Pierre Elkabbach restera dans les mémoires pour avoir été au cœur de l'un des plus grands scandales de la télévision publique, celui des animateurs producteurs, une affaire popularisée par « Les guignols de l'info » sous le célèbre slogan des « voleurs de patates ».

Sans s'appuyer sur les services juridiques de France Télévisions, sans informer dans le détail le conseil d'administration de France 2, sans avertir le contrôleur d'État, Jean-Pierre Elkabbach avait signé des contrats mirifiques avec divers animateurs vedettes. Le plus avantagé étant Jean-Luc Delarue. En 1992, le chiffre d'affaires des contrats entre France 2 et les animateurs producteurs s'élevait à 25 millions d'euros. Trois ans plus tard, ils avoisinaient les 230 millions d'euros avec six animateurs de France 2. L'Inspection des finances avait écrit : « La présidence

1. Rapport de la cour des comptes, « la gestion de France Télévisions », 1998.

commune de France Télévisions a adopté un mode de gouvernement cultivant volontiers, avec excès, le goût du secret, vis-à-vis des deux chaînes concernées. Au surplus, le président a peut-être placé une confiance trop marquée en quelques hommes assez peu portés au respect des procédures, ayant un goût marqué pour les décisions expéditives, les manières rudes et préférant l'esprit de clan à l'esprit d'équipe[1]. » La Cour des comptes avait dénoncé une autre pratique signée Elkabbach : l'octroi d'avances de plusieurs millions d'euros aux animateurs producteurs. C'est avec ces sommes qu'ils ont monté leurs sociétés.

Jean-Pierre Elkabbach avait tenté de se présenter en victime avant de démissionner le 30 mai 1996. Son objectif était de s'adjoindre les services de vedettes dans une logique de course à l'audience et de recherche de recettes publicitaires.

Quelques mois après le scandale des animateurs, une autre affaire avait été rendue publique, celle du siège de France Télévisions. Jean-Pierre Elkabbach avait fait avancer le dossier au bulldozer. L'objectif était louable : réunir en un lieu unique les salariés des entreprises du service public jusque-là dispersés dans dix-sept sites différents. Mais aucune étude comparative des coûts n'avait été effectuée, aucune étude détaillée des besoins réels en surface n'avait été menée, aucune analyse des contraintes n'avait été engagée. Ainsi, il avait fallu isoler l'immeuble des vibrations

1. Rapport de Jean-Michel Bloch-Lainé, Inspection générale des finances, 3 juin 1996.

provoquées par la ligne voisine du RER et acheter au prix fort à la Ville de Paris un bout de terrain non envisagé initialement. Quant aux travaux d'aménagements extérieurs, les paiements avaient été largement anticipés. Erreur aussi : le bail des anciens locaux de France 2 n'avait pas été interrompu à la date du déménagement. Le groupe France Télévisions avait été contraint de supporter pendant quatre ans de plus le crédit-bail et les loyers.

Une affaire plus technique et moins médiatique remonte à 1996. Elle concerne les provisions pour dépréciation de programmes. De quoi s'agit-il ? Les chaînes du service public disposent d'une ligne budgétaire pour chiffrer les programmes non diffusés, soit parce qu'ils ne s'avèrent pas de qualité suffisante, soit parce que des litiges juridiques sont apparus, soit parce que les grilles de programmes sont modifiées, soit enfin parce qu'ils ne réalisent pas une audience suffisante. À France 2, les provisions pour dépréciation de programmes avaient atteint la somme énorme de 35 millions d'euros en 1996. Lorsque des parlementaires ont découvert le volume de ces provisions, ils ont été d'autant plus indignés que, cette année-là, la perte enregistrée par France 2 atteignait 30 millions d'euros et que la chaîne demandait à l'État une aide complémentaire de 10 millions d'euros. Pourquoi prendre des sanctions, alors qu'il suffit de voter une rallonge ?

Des erreurs de gestion depuis toujours

L'historique des grands « plantages » de la télévision publique continue avec l'affaire dite du bouquet satellitaire. Au milieu des années 1990, l'objectif de France Télévisions était de proposer une offre télévisuelle de complément dans le cadre de la participation à un bouquet numérique diffusé par satellite. Faute d'avoir pu convaincre Canal Plus de s'engager dans un partenariat, France Télévisions s'associa à TF1 et à M6. France Télévisions prit cette décision sans autorisation préalable des conseils d'administration de France 2 et de France 3 et sans disposer des fonds propres suffisants. En 2000, Marc Tessier, nouveau président de France Télévisions, fut contraint de mettre un terme à l'aventure. Encore des millions perdus. Encore des rêves envolés. Car, au-delà des aspects financiers, il y a la dimension humaine : à chaque fois, la motivation et la mobilisation des équipes en prennent un coup.

En 1996, la Cinquième eut la bonne idée de proposer aux établissements scolaires et de formation une base de vidéos à la demande (VOD). Mais la complexité du dispositif technique retenu, les équipements nécessaires aux abonnés et les problèmes juridiques transformèrent le projet en mission impossible. Au bout de trois ans, la chaîne confia le tout à des prestataires extérieurs. Mais ce fut une nouvelle impasse. France Télévisions dénonça tous les accords et dédommagea les prestataires. Finalement, neuf ans après l'apparition de la belle idée, en 2003, un nouveau site Internet fut ouvert à destination du public scolaire. Mais visiblement ce n'était toujours pas la bonne formule. Un autre site fut lancé le 12 février 2008 sous un nouveau nom : curiosphere.tv. France Télévisions cherche toujours à retrouver une partie de la mise de fonds de 16,8 millions d'euros qui a été consentie... il y a douze ans.

Un autre fiasco financier, soigneusement dissimulé au public, concerne la filiale France Télévisions Distribution (FTD). En juillet 2000, les dirigeants de FTD s'intéressèrent à *Windtalkers*, « Les messagers du vent », film de guerre américain de John Woo. Désireux d'acheter les droits alors que le coût représentait plus de 20 % de leur chiffre d'affaires, ils se lancèrent dans l'aventure sans en parler à la maison mère et sans en informer le conseil d'administration. Sorti en salles après les attentats du 11 septembre 2001, le film fut un échec commercial et FTD en fit les frais, pour une perte finale estimée à 2,5 millions d'euros [1]. Et voilà comment dilapider l'équivalent de la redevance de 22 000 foyers français. Mais, là encore, aucune sanction.

Dans la foulée, une nouvelle loi fut votée le 1er août 2000, instaurant un contrat d'objectifs et de moyens (COM) pour France Télévisons. Son but : créer un pacte de responsabilité mutuelle entre l'État et la télévision publique. Mais voilà, nouveaux couacs retentissants. Le premier COM prévoyait le déploiement d'une offre publique élargie de télévision numérique, mais, dès 2002, le gouvernement décida de reporter son démarrage. Le contrat d'objectifs et de moyens se trouva de facto suspendu. Aucun avenant ne put être signé en raison du décalage entre les nouvelles exigences financières de France Télévisions et la réalité des ressources publiques disponibles.

---

1. Cour des comptes, « L'évolution du groupe France Télévisions », 1er février 2005.

Le 1er février 2005, la Cour des comptes notait : « Le groupe France Télévisions doit se doter rapidement d'outils permettant une gestion prévisionnelle de l'emploi et des compétences, l'organisation d'une mobilité effective en son sein ainsi qu'un suivi rigoureux des effectifs et de la politique salariale (...). Enfin, le groupe doit, dans le cadre de la négociation sociale, trouver la souplesse de gestion et la capacité d'adaptation qui lui font aujourd'hui défaut. L'ampleur des changements technologiques en cours, la vigueur de la concurrence sur le marché et la présence d'un acteur dominant et puissant placent la télévision publique, ses dirigeants et ses personnels dans une situation exigeante. » Elle était donc invitée à trouver un « chemin étroit, demandant à la fois un effort nécessairement coûteux, mais aussi une maîtrise plus grande des coûts, surtout salariaux, dont la croissance est incompatible avec l'évolution des ressources ». Le 20 janvier 2006, l'Inspection générale des finances enfonçait le clou : il faut moderniser et rationaliser la gestion. Des solutions étaient proposées : diminution des effectifs de 1 000 personnes, fusion des rédactions, développement d'activités nouvelles devant à terme représenter 20 % du résultat.

Cinq jours après le rapport de l'IGF, Thierry Bert, alors directeur général de France Télévisions en charge des finances du groupe public, remettait les conclusions d'un audit interne réalisé au cours des trois derniers mois de 2005. Le constat était là aussi catastrophique : baisse continuelle des audiences, absence de gains de productivité, hausse du coût de la grille régionale de France 3 inversement proportionnelle à la baisse de l'audience, situation financière très dégradée de RFO avec une dette supérieure à 18 millions d'euros. Thierry Bert avait passé au peigne fin les contrats des animateurs producteurs. Leur montant total atteignait 146 millions d'euros en 2005, en progression de 90 % en quatre ans alors que le coût de grille global du groupe n'avait progressé que de 21 % sur la même période.

Le rapport de Thierry Bert ne fut transmis ni aux cadres des différentes chaînes, ni aux salariés. Cela aurait pourtant permis de prendre la mesure de la gravité de la situation. Au contraire, Patrick de Carolis adressa un communiqué au personnel pour évoquer un audit qui livrait « une photographie exacte et chiffrée qui nous montre à la fois nos marges de manœuvre et les difficultés structurelles qu'il nous faudra surmonter ». Et le président de France Télévisions d'ajouter qu'il « s'appuiera[it] sur ces conclusions » pour la négociation du contrat d'objectifs et de moyens pour la période 2006-2010. Autrement dit : ne vous inquiétez pas, je vais demander à l'État de nous aider.

Dans cette situation, comme pour tous les événements de la vie de France Télévisions, le personnel est traité comme les journalistes destinataires de communiqués de presse à la gloire de la marche de l'entreprise. Pour essayer de connaître la réalité de la situation, à l'exception des occupants de l'étage de la présidence de France Télévisions et de quelques directeurs généraux, tous les autres salariés y compris les cadres sont contraints de rechercher des informations dans les médias, de décrypter les messages officiels, de se fier à des intuitions ou de guetter les débats parlementaires. Et devinez ce qui arriva après la remise du sévère rapport sur la situation de l'entreprise... Son auteur, Thierry Bert, inspecteur des Finances, brillant diplômé de philosophie et de l'ENA, fut viré avec pertes et fracas par le P-DG.

Des recommandations sans effet

Il y a dix ans, le sénateur Jean Cluzel, l'un des parlementaires qui connaissait le mieux les médias à l'époque, écrivait déjà : « La France a noyé son audiovisuel sous une avalanche de textes complétés par une jurisprudence abondante. Tant de règles accumulées sans cohérence suffisante n'ont pas permis d'atteindre les objectifs fixés par les gouvernements successifs. On voulait protéger la production française pour assurer son développement mais on n'a fait que mener des combats d'arrière-garde, pour finir comme le ferait une légion égarée qui continue à se battre pour sa propre survie, en oubliant qu'elle avait été une armée au service d'une cause[1]. » Les écrits de Jean Cluzel sont aujourd'hui encore d'actualité.

Le 1er mars 2006, Dominique Richard, à l'époque député, remettait un rapport d'information de près de trois cents pages sur « les missions du service public de l'audiovisuel et l'offre de programmes ». Au menu, diagnostic et recommandations. Il estimait qu'il conviendrait d'assujettir à la redevance tout foyer détenteur d'un terminal permettant de recevoir des programmes de télévision. Il indiquait que les

---

1. Jean Cluzel, Rapport général, n° 85, tome 3, annexe 7, projet de loi de finances pour 1998.

dirigeants du groupe devaient « rechercher des recettes commerciales complémentaires et investir dans la modernisation des structures et moyens de diffusion ». Il notait que les recettes de parrainage pouvaient être augmentées. L'ex-député déplorait aussi le retard de France Télévisions sur le secteur des services interactifs et des recettes de diversification et évoquait la piste du mécénat comme nouvelle source possible de financement. Mais que fit France Télévisions ? Le groupe public réclama tout simplement une rallonge budgétaire à l'État.

Le 12 octobre 2006, la présidence de l'Assemblée nationale enregistrait un nouveau rapport signé cette fois du député Gilles Carrez. Il relevait que « France Télévisions devra[it] réaliser de nouvelles économies de fonctionnement et de structures ». Mais que fit Patrick de Carolis ? Après le refus de l'État un an plus tôt d'augmenter sa participation, il réclama une coupure publicitaire. Nouveau niet. En février 2008, la Cour des comptes répétait encore une fois : « France Télévisions doit faire des efforts d'économie » et doit « développer ses ressources propres ».

Un Meccano complexe

France Télévisions est contrôlée par de nombreuses autorités : le Premier ministre, le ministre de la Culture, le ministre de l'Économie et des Finances, le ministre du Budget, le ministre des Affaires étrangères, le ministre de l'Outre-Mer, le ministre de l'Industrie, le Centre national de la cinématographie, le Parlement et le Conseil supérieur de l'audiovisuel. France Télévisions a aussi été mise dans une position singulière par l'État dans tous les dispositifs capitalistiques des différents opérateurs de l'offre francophone de média émettant à l'étranger[1].

L'État fixe le cadre législatif de la télévision publique, approuve les comptes, est présent dans le conseil d'administration des chaînes publiques et surveille la gestion à travers un contrôleur d'État et la direction du budget. Mais, on l'a vu, ce dispositif n'a jamais empêché les dérives de France Télévisions. L'État a aussi choisi lui-même une situation ubuesque. Il contrôle la gestion d'un président d'entreprise publique mais n'a pas le pouvoir de le nommer ou de le révoquer. Quant au Conseil supérieur de l'audiovisuel, il nomme et révoque le président de France Télévisions, mais sans pouvoir contrôler sa gestion. C'est cela notamment qu'a voulu changer Nicolas Sarkozy.

De plus, avec autant d'instances et d'intervenants pour la télévision publique, les jeux de pouvoir sont nombreux. Quelques jours avant les élections présidentielles en 2007, l'État s'était engagé à financer à hauteur de 5,7 millions d'euros par an la diffusion

1. « Le groupe public participe à hauteur de 4,2 millions d'euros dans le budget de TV5 Monde dont il possède 47,5 % du capital. Il détient 45 % du capital social d'Arte France, cette dernière étant actionnaire de TV5 Monde, de France 4 et de CFI. CFI dont France Télévisions détient les 75 % restants depuis quatre ans et vers lequel le groupe a transféré toutes ses activités de coopération télévisuelle. France Télévisions détient de plus, à parité avec TF1, la société anonyme France 24, ainsi que 23,7 % de Euronews ». Rapport d'information du député Patrice Martin-Lalande, relatif aux rapports particuliers de la Cour des comptes sur les comptes et la gestion des opérateurs de l'audiovisuel extérieur, 22 juillet 2008.

par satellite des vingt-quatre décrochages régionaux de France 3. Le 13 décembre 2007, les représentants de l'État au sein du conseil d'administration de la chaîne avaient changé d'avis, considérant que le coût était compris dans l'enveloppe globale attribuée dans le cadre du contrat d'objectifs et de moyens. L'interprétation du texte a différé à la faveur du changement de président de la République et de gouvernement, pourtant issus de la même formation politique.

Autre cas : en 2000, une loi avait abaissé de 12 à 8 minutes la durée horaire maximale de la publicité pour France 2 et France 3 au motif que « l'accroissement de la publicité menaçait de plus en plus le service public dans l'indépendance et l'identité de sa programmation ». Cependant, en 2005, le CSA choisissait un nouveau président de France Télévisions qui fondait son projet sur une augmentation des recettes publicitaires. Oui mais voilà, Nicolas Sarkozy est, là encore, venu dire le contraire.

Depuis le début de l'année 2008, l'État est plus exigeant à l'égard de France Télévisions. En février 2008, France Télévisions recevait une lettre signée des trois ministres de la Culture, de l'Économie et du Budget demandant de « prendre les mesures adaptées pour réduire au maximum le manque à gagner publicitaire, les éventuels coûts de restructuration de la régie et pour renforcer les synergies au sein du groupe ». Le 16 juillet 2008, lors du conseil d'administration de France Télévisions, 9,5 millions d'euros d'économies en six mois ont pu être annoncés hors grille de programmes et 20,7 millions d'euros sur les coûts de grille. Alors que tout le monde affirmait jusque-là qu'il était impossible de procéder à des restrictions, d'un coup elles deviennent possibles, même si elles restent insuffisantes.

Le plus cruel dans l'histoire de France Télévisions est bien que le Paquebot semble en sursis depuis toujours. Il navigue, il connaît des voies d'eau, il est colmaté, mais déjà d'autres avaries apparaissent. Tous les diagnostics ont été posés pour la télévision publique. Toutes les recommandations utiles ont été faites. Mais les salariés se cramponnent à leurs acquis, France Télévisions ne s'attaque pas aux problèmes structurels, l'État n'impose pas les réformes qu'il préconise lui-même. Par ignorance sûrement pas, par difficulté assurément, par lâcheté certainement. Si un jour le Paquebot devait sombrer, tous pourraient être tenus pour responsables. D'autant qu'il y a trois ans une étude prospective pour le gouvernement avait tracé le scénario du futur. Été 2009 : un opérateur éditeur généraliste lance le premier groupe intégré d'information multimédia. Automne 2009 : un opérateur de communication lance une offre de cinéma à domicile. Printemps 2010 : France 2 est privatisée, ne pouvant concourir aux appels d'offres devenus prohibitifs sur le sport, le cinéma et le divertissement. Hiver 2010 : France 3 doit cesser son activité. Été 2011 : faute d'audience et de moyens, le périmètre de France Télévisions est revu. Ne subsistent que deux chaînes, l'une d'information internationale, l'autre éducative et culturelle[1]. Certaines prédictions se sont

1. « Prospective sur la stratégie de l'État dans les mutations des médias », Sylvie Benard et Bernard Benyamin, Commissariat général du Plan, 22 juin 2005.

déjà réalisées. Au cours de l'automne 2008, Nicolas de Tavernost, président du directoire du groupe M6, a d'ailleurs mis les pieds dans le PAF en évoquant la question que personne n'a osé aborder tout au long des débats parlementaires sur l'avenir de l'audiovisuel : « Nous estimons qu'il y a trop de chaînes publiques, dont certaines sont à objet social non identifié. Un exemple : qu'apporte France 4 aux missions de service public[1] ? »

---

1. « Tavernost (M6) : Il y a trop de chaînes de télé publiques », à l'issu d'un chat modéré par Laurent Borredon et Guy Dutheil, *Le Monde*, 23 octobre 2008.

Sauve qui peut !

Sur le paquebot France Télévisions, c'est le temps du « sauve-qui-peut » pour les 11 000 hommes et femmes. L'inquiétude grandit de jour en jour, alimentée par les passagers eux-mêmes. C'est une des marques de fabrique de la maison : l'imagination galopante pour alimenter le scénario du pire. Peut-être est-ce aussi le résultat de la conscience intime, profonde et individuelle que la situation privilégiée que chacun vit depuis si longtemps ne peut plus durer.

Les discussions ne cessent d'être occupées par le mot « peur », pour le rejeter. Cela donne : « Nous n'avons pas peur de l'avenir », « Nous n'avons pas peur de nous réformer », « Nous n'avons pas peur d'adopter de nouvelles méthodes de travail ». Dans le même temps, le capitaine et ses seconds répètent à leurs cadres et aux salariés : « N'ayez pas peur », « Le monde des médias est en révolution, mais il ne faut pas avoir peur ».

En réalité, tout le monde est mort de trouille ! Chacun se retranche, se replie et bien souvent se trompe de combat. Pourtant, il suffirait de lever les yeux, de scruter le ciel, de se réchauffer l'âme et le corps au vent du renouveau pour retrouver au fond de soi des élans...

— Là, tu as vu, c'était Laurent Jalabert sur la moto. Avec cet orage, il est sacrément courageux...

— Et là, regarde c'est Gérard Holtz. Il a l'air sympa.

— Voilà, les hélicoptères de la télé arrivent. Il va être joli, notre village.

— Franchement les cameramen de France 2 sont des équilibristes, ils sont forts...

C'était le 20 juillet 2008 à Fontgillarde, au cœur du parc naturel régional du Queyras, dans le département des Hautes-Alpes. Perché à plus de 2 000 mètres, le village et ses hameaux ne comptent guère plus de 300 habitants. Les maisons sont blotties autour d'une étroite route centrale qui mène au col Agnel à 2 744 mètres. Après, c'est l'Italie. Ce jour-là le Tour de France est de passage pour l'étape Embrun–Prato Nevoso. Jamais la caravane et les coureurs n'étaient arrivés jusque-là.

Les averses de pluie alternent avec les rayons de soleil. Par moments, la température n'excède pas douze degrés. Près de la fontaine, les membres d'une association locale font connaître aux visiteurs le four banal qu'ils remettent en fonction chaque printemps pour y cuire une centaine de pains ronds. Dans un garage, débarrassé sommairement de son bric-à-brac, un téléviseur a été installé pour suivre l'avancée des coureurs. Gens d'ici, amateurs du Tour de France, cyclistes frigorifiés et trempés après une ascension en éclaireurs s'arrêtent. Ils sont émerveillés devant le spectacle de la télévision : les belles images, les commentaires des animateurs et des journalistes, les prouesses techniques...

Les caméras émettrices, l'hélicoptère-relais, l'avion plus haut encore pour la transmission des sons et des images, tout cela leur est étranger, mais ils perçoivent la complexité de la chose et, pour certains, ressentent une dimension magique. Ils couvrent d'éloges France 2 et

France 3. À la faveur du Tour de France, inscrit dans l'inconscient collectif, ils parlent de France Télévisions comme de leur télévision, d'une télévision qui leur appartient un peu, d'une télévision dont ils sont fiers. Des centaines de techniciens et de journalistes leur offrent un événement portant en lui-même une intrigue, fabriquée ni par la télé-réalité à la française ni par les scénaristes américains.

Bien des études ont été faites sur la notoriété de France Télévisions et sur l'attachement des Français à la télévision publique, mais loin d'une photographie clinique, ces instants sur la route du Tour de France apportent un peu de sincérité et d'authenticité. Ce 20 juillet 2008, loin des pressions des lobbies, loin des luttes de pouvoir et des querelles de personnes, un vent de fraîcheur a soufflé sur le PAF comme l'expression d'un lien affectif, presque familial, entre les Français et l'audiovisuel public. Ce 20 juillet 2008 donnait à voir quel doit être le cœur de sa mission de média de service public... D'ailleurs, ce jour où les Français découvraient un petit coin méconnu de leur pays, des records d'audience ont été atteints. L'après-midi, le Tour a été suivi par 4,4 millions de téléspectateurs et l'ascension finale vers Prato Nevoso a rassemblé 6,4 millions de fans. Dans la foulée, « Stade 2 » a réalisé sa meilleure audience depuis le début de l'année. Pour la première fois depuis 2004, une chaîne du service public a réalisé une audience moyenne supérieure à celle de TF1.

Ce succès et cet attachement des Français à leur télévision montrent à tout le moins aux salariés de France Télévisions, aux créateurs, aux producteurs, aux décideurs et aux hommes politiques qu'ils se doivent de revenir à un élément de base, fondamental et intangible :

être plus que jamais respectueux du public, animé par de généreux desseins, que ce soit dans la gestion de la télévision publique ou dans l'établissement de ses grilles de programmes. Après le triptyque « promo, démago, ego », tant appliqué et usé jusqu'à la corde, il y a assurément une nécessité impérieuse de mettre autre chose en œuvre.

C'est au service public d'imaginer des programmes innovants, intelligents, ne corrompant ni le corps, ni l'âme, mais permettant d'accompagner les téléspectateurs vers des hauteurs insoupçonnées. Pour y parvenir, il faut s'éloigner de la spirale infernale de l'immédiateté et de cette course obsessionnelle au résultat instantané. Bien sûr, quitter une morne plaine plongée dans le brouillard pour atteindre un sommet s'ouvrant vers des horizons lointains nécessite du temps. Que l'on fasse le trajet à pied, à vélo ou en voiture, il y a l'incontournable approche, la lente montée, l'émerveillement progressif.

Pour réaliser le parcours, il faut se débarrasser du superflu, de tous ces vieux souvenirs, albums photos jaunis de regrets ou cahiers de doléances innombrables, pour n'emporter que l'utile et le nécessaire. Pas question non plus de se laisser séduire par des colporteurs et des bateleurs rencontrés en chemin qui promettent des rêves à tour de bras, des paradis de pacotille au point de faire croire qu'avec eux on peut être arrivé avant même d'être parti.

Autre chose encore : il faut échapper au « trend ». Prononcez « trinde », pour ce qui n'est rien d'autre que la tendance du moment et l'air du temps : cuisine, déco, psycho, conso, écolo et même sexo, en string ou à dentelles, selon le degré de racolage. Et, de grâce, que le service public retrouve la fierté de la progression, en considérant et en exécutant les obligations de son cahier des charges, non comme des contraintes, mais comme une chance. Songez à ce vieux précepte paysan : effectuer des travaux difficiles à contrecœur les rend deux fois plus pénibles, les réaliser avec joie les rend deux fois plus légers. Et cet adage aussi : le plus exaltant n'est pas d'atteindre les étoiles, mais le chemin qui y mène.

Il ne faudrait pas qu'un jour le monde de l'audiovisuel français dresse l'inventaire des regrets. Il aurait fallu que France Télévisions investisse dans la recherche, le développement. Il aurait fallu miser sur la connaissance du public. Il aurait fallu mener une politique d'accompagnement du changement avec les producteurs. Il aurait fallu mieux protéger la télévision publique française alors que dans beaucoup de pays, la télévision est exclusivement privée, commerciale, financée par la seule publicité. Il aurait fallu...

Des salariés tout-puissants

Hausse des salaires de 36 %

Au sixième étage du siège de France Télévisions à Paris, Geneviève Giard, directrice générale de France 3, ouvre une audioconférence. Il est 17 heures. Entourée de son équipe rapprochée, elle entre en contact téléphonique avec ses treize directeurs régionaux répartis dans l'Hexagone. Chacun annonce à tour de rôle sa présence. Tout le monde se tutoie. L'un ou l'autre tente un trait d'humour, mais les sourires sont polis, l'ambiance tendue. L'audioconférence a été convoquée d'urgence, comme si une crise majeure venait d'éclater. Il faut se parler, rassembler les troupes, donner des instructions, passer à l'attaque. Les directeurs régionaux sont censés être dans leur bureau, seuls, portes fermées. La télévision publique aime le « confidentiel défense », comme pour se donner de l'importance, comme s'il y avait des secrets industriels à protéger. En réalité, nombreux sont les directeurs régionaux qui, dans ces moments-là, accueillent leurs plus proches collaborateurs. Paris ne s'en doute pas, mais les « audioconf de la DG » sont régulièrement un instant de détente, les pieds sur la table, un verre à la main. D'autant que les directeurs régionaux de France 3 sont souvent d'anciens journalistes, dont certains ont gardé l'esprit frondeur.

Après d'infinies précautions oratoires et, une nouvelle fois, des recommandations expresses de discrétion, Geneviève Giard se lance : « Pour les 2 200 salariés de France 3 non-cadres présents dans l'entreprise au 1er janvier 1997 et toujours là dix ans plus tard, le salaire brut mensuel moyen est passé de 2 778 euros à 3 795 euros. Cela représente une progression de 36,61 %. Sur la même période, le coût de la consommation calculé par l'Insee a progressé de 14,07 %. »

Pas étonnant que ces chiffres gênent la directrice. S'ils peuvent servir à faire comprendre aux salariés qu'ils n'ont pas de raisons de se plaindre, ils constituent un affront pour le grand public : un salarié de base de France 3 gagne trois fois le Smic et le groupe France Télévisions estime qu'il ne dispose pas de moyens suffisants. Difficile à faire avaler, surtout qu'entre 1990 et 1997 les salaires à France 3 avaient déjà grimpé de 33,70 %. Ce n'est pas pour autant que le personnel de l'audiovisuel public est heureux.

Narcissisme et godemiché

Le petit monde de la télé vit dans son narcissisme. Dominique Wolton, sociologue des médias, écrit : « La forme l'emporte sur le fond, le style sur l'être, l'apparence sur la réalité. Tout est mode, changement, vitesse[1]. » Ce micro-milieu, écrit encore Wolton, est souvent habité par la prétention, un

1. Dominique Wolton, *Sauver la communication*, Flammarion, 2005.

phénomène de cour, d'anti-intellectualisme, tout en s'arrogeant les critères de l'intelligence.

Le 13 février 2007, sur un vol vers Johannesburg, Jean-Luc Delarue, en état d'ivresse, s'en prend au personnel navigant au point d'être poursuivi. Le 19 septembre 2007, William Leymergie a une altercation telle avec l'un des chroniqueurs de « Télématin » qu'il fait l'objet d'une mise à pied de quinze jours. Le 29 novembre 2006, dans un hall d'aéroport, un animateur régional ne trouve rien de plus élégant à faire que de raconter la folle nuit de « hardeur du sexe » qu'il vient de vivre avec sa compagne. Seulement voilà, la « confidence » a lieu dans une file d'attente, devant un guichet d'Air France, face à une salariée de la compagnie rouge de confusion et des voyageurs choqués par autant de vulgarité et de grossièreté de la part d'un représentant de la télévision publique. Le 17 octobre 2008, un journaliste de France 3 Pays gardois, propose son JT depuis un salon de l'érotisme, avec, en guise de micro, le logo de la chaîne enfilé sur un godemiché...

Le petit monde de la télé vit souvent par la juxtaposition d'intérêts personnels. Ici, beaucoup ne pensent qu'à eux. Certains de ceux qui sont en coulisses ne songent qu'à leurs petits avantages. Beaucoup de ceux qui sont à l'antenne ne sont préoccupés que par leur gloire. Illustration : un obscur auteur qui racontait depuis des années les pires méchancetés professionnelles et privées sur un cadre de France Télévisions s'est abaissé aux plus viles flatteries dès que le cadre a pris du galon, histoire de grappiller quatre-vingt-dix secondes de présence dans la petite lucarne toutes les deux semaines. Bien sûr, tout en continuant à cracher en coulisses sur la télévision publique.

Enfin, le petit monde de la télé ressemble parfois à un banc de poissons. Ce qui réunit les poissons, c'est la peur : rester groupés, non pas par solidarité, mais parce que chacun se sert de ses voisins comme de boucliers. Ce qui anime les poissons, c'est la recherche de courants porteurs, mais pas question d'avoir une initiative, une action individuelle, cela pourrait présenter un risque. Ce qui guide les poissons, c'est l'animal de tête, pas toujours le même d'ailleurs, qui, de surcroît, peut à tout moment changer de direction.

Déceptions, rancœurs et règlements de comptes

À France Télévisions, beaucoup ont l'esprit rempli de déceptions, de rancœurs et de revanches. Les points névralgiques des revendications, récriminations et règlements de comptes sont les machines à café à tous les étages et aux différentes ailes du Paquebot. Un complexe ballet s'y joue, dans une organisation par castes et par chaînes. Les cadres s'éloignent de quelques pas lorsque les « ouvriers » arrivent. Les salariés de chaque chaîne ont leurs coins respectifs et lorsque de petits groupes se forment, il en est toujours un pour vouloir s'éloigner à la vue d'un nouvel arrivant au bout d'un couloir. Les conversations s'y font à voix basse par peur de la présence d'un espion. Et combien de fois ne voit-on pas des hommes et des femmes jeter furtivement des regards derrière eux pour voir s'ils ne sont pas suivis ? C'est aussi autour des machines à café que se montent les scénarios de comédies romantiques, de films d'aventures, de complots en cinémascope. Malheureusement, ce ne sont pas les jalons de merveilleuses productions, mais des scénarios pour dire et médire, faire et défaire, raconter et calomnier. C'est vrai dans beaucoup de grandes entreprises, c'est encore plus vrai à France Télévisions.

À l'automne 2007, autour d'une machine à café au sixième étage de France Télévisions, une nouvelle recrue s'étonne de la mode des émissions traitant des faits divers sur les différentes chaînes du groupe, du risque de « surdose » pour le public et du manque de concertation. Une conversation somme toute anodine. Le ton de la voix est sans doute un peu fort. Les deux collègues lui lancent un regard noir : « Tu cherches des ennuis ? Tu veux la guerre avec les différents conseillers et responsables de programmes des différentes chaînes ? » Puis ils s'éloignent prestement, de crainte d'être surpris avec un dangereux révolutionnaire.

Comme à Paris, dans les centres régionaux, les machines à café sont des points de convergence, en particulier pour les techniciens en inactivité entre les journaux de midi et du soir. Là, les distributeurs de boissons sont souvent implantés à côté des panneaux d'affichage syndicaux et non loin de salles de repos. Eh oui, cafés, discussions, ragots et médisances, cela fatigue. Dans une capitale régionale, en 2008, des négociations ont duré six mois et les réunions se sont multipliées pour trouver une nouvelle implantation aux panneaux après leur éloignement des distributeurs de boissons et des salles de repos. Au prétexte de travaux, la direction avait voulu relégué ces murs de lamentations loin du regard des visiteurs. Mais les syndicats ne l'entendaient pas ainsi. Et ils ont fini par obtenir que les panneaux restent bien en vue des salariés et surtout des invités afin que tout le monde puisse constater à quel point le personnel est victime de l'exploitation patronale.

Parfois, on règle ses comptes par médias interposés. Le 13 septembre 2008, Christophe Hondelatte, journaliste et animateur sur France 2 et France 3, est l'invité de l'émission « Plus clair » de Canal Plus consacrée aux médias. On lui fait écouter une interview dans laquelle Frédéric Taddeï, son confrère de France 3, déclare : « Les chroniqueurs, c'est la plaie des émissions culturelles. » Christophe Hondelatte, qui travaille alors avec des animateurs dans son émission « Vendredi si ça me dit », se sent attaqué. Il laisse éclater sa colère : « Vous voulez que je me rende solidaire de Taddeï alors qu'il travaille dans le même groupe que moi et qu'il vient de dire que ce je fais, c'est de la merde ? N'y comptez pas. Je trouve ça peu solidaire. Je trouve ça peu compatible avec les exigences de France Télévisions. Je pense qu'il en entendra parler. Très clairement il me met un couteau dans le dos que je ne lui aurais pas planté. Je ne trouve pas cela très confraternel. » La veille, Guillaume Durand, animateur de « L'objet du scandale » sur France 2, avait expliqué à Michel Denisot, déjà sur Canal Plus : « C'est la joyeuse vie des médias. Évidemment on balance les uns sur les autres, c'est comme ça. C'est la règle du jeu, je ne me plains pas. »

Deux mois plus tard, c'est encore Canal Plus que choisit Laurent Delahousse, présentateur des journaux du week-end de France 2, pour « dégommer » son camarade David Pujadas, présentateur des mêmes journaux, sur la même chaîne, mais en semaine. Le premier reproche au second de lui avoir « piqué » ses initiatives et ses idées. « Il y a un moment donné, il faut dire les choses. Il faut dire ce qu'on fait. Il y a des choses que j'ai lancées dans le journal, dans l'édition du week-end, qui ont été reprises pendant la semaine[1] », explique Delahousse. On frôle la cour de la maternelle, à moins d'y être vraiment !

Petits profits au quotidien

Le moindre salarié cherche à tirer un profit personnel de l'entreprise. Les histoires sont souvent pitoyables. Lors de l'enregistrement d'une émission dans un musée, un cadre accorde aux équipes sur place un repas de production alors que rien ne l'y contraint. Il s'agit de « faire un geste ». Quelques semaines plus tard, en réunion des délégués du personnel, un syndicaliste relève : « Un quart de vin rouge par salarié et par repas de production est une pratique constante. Lors de notre dernière sortie, nous n'avons pas eu de vin. Que comptez-vous faire ? »

Autre exemple qui remonte à 2007... À l'issue d'une émission en direct en extérieur, une vingtaine de techniciens, scriptes, régisseurs, chargés de production se mettent collectivement d'accord pour faire traîner en longueur le rangement du matériel. But de la manœuvre : arracher quelques heures supplémentaires et en plus se faire payer le repas du soir au motif du retour tardif.

1. Émission « Plus clair » de Charlotte Le Grix de la Salle, Canal Plus, 15 novembre 2008.

S'ils sont prompts à se rendre de menus services, les salariés de l'audiovisuel public n'aiment cependant pas les têtes qui dépassent. Penons le cas de ce technicien de montage qui, par passion du métier, réalise aussi des tâches de truquiste et de technicien vidéo. Pour un réalisateur, l'avoir dans son équipe c'est l'assurance de travailler deux fois plus efficacement. Le tout s'est terminé par des questions syndicales en comité d'établissement dans le registre de l'accomplissement illégal de plusieurs tâches par le même homme.

Ailleurs, on a frôlé la grève parce qu'un directeur avait décidé, par mesure d'économie, que tout le monde, du technicien au cadre, lui compris, voyagerait à l'avenir en TGV seconde classe et non plus en avion. Les syndicalistes avaient alors exhumé des armoires de France 3 débordant d'acquis sociaux un accord au papier jauni stipulant que les voyages en train devaient se faire en première classe. La direction s'était alors mise à fouiller à son tour pour finalement dénicher un texte limitant la première classe aux voyages de plus de trois heures. Ce qui n'était pas le cas en l'occurrence. Ouf, on l'a échappé belle. Une toute petite victoire, même pas une consolation.

À France Télévisions, des dizaines de salariés des différents services du personnel examinent scrupuleusement le formalisme de chaque note de frais et de chaque justificatif : la date est-elle exacte ? Les coordonnées des hôtels et restaurants sont-elles complètes ? La TVA figure-t-elle bien de manière distincte ? La suite est moins glorieuse. L'un des directeurs parisiens de France Télévisions confie, bien évidemment sous le sceau de la confidentialité : « Nous savons qu'il y a des fraudes à tous les niveaux. Par exemple, un sandwich avalé à midi devient un repas complet par la complicité d'un restaurateur. Une nuit passée chez un ami devient une nuit en hôtel soit par la grâce d'un hôtelier, soit en bénéficiant du remboursement des frais au forfait. Chez nous, dès qu'il y a un déplacement sans justificatif, un montant fixe de remboursement s'applique. Nous considérons que pour une bonne part les notes de frais remboursées chaque année sont bidon. »

Là encore, il y a tellement longtemps que cela dure : entre 1990 et 1996, les frais de mission et de représentation de la direction de l'information de France 2 ont augmenté de 73 %. De 1991 à 1995, les frais de mission, de réception et de représentation de la présidence commune ont subi une augmentation de 227 % [1].

Primes et heures supplémentaires pour tout le monde

Le système de rémunération au sein de France Télévisions est fondé sur la volonté d'assurer un traitement égalitaire des salariés. Il est assorti d'un mécanisme d'avancement garantissant une progression automatique à l'ancienneté. S'ajoutent les primes. Tout un poème. À France 2, il en existe une soixantaine, certaines versées à plus de mille personnes, d'autres à deux. À France 3, deux pages pleines de

1. Rapport de la Cour des comptes, « La gestion de France Télévisions », 1998.

primes. Un ancien cadre ne s'en est toujours pas remis : « Parmi les primes les plus hallucinantes, la prime TV du matin, la prime de plongée sous-marine, la prime de scooter, la prime de montée au pylône. S'ajoutent les accords locaux, comme par exemple dans telle région la prime de chaussures pour les déplacements dans les différents sites de la station, ou la prime d'escalier pour ceux qui ont des étages à gravir. » Il y a aussi la prime de sortie accordée aux équipes techniques qui sortent des bureaux pour effectuer des reportages. Et puis, la prime de caméra de plateau pour le cameraman qui tient une caméra sur un plateau. Ou encore, la prime de disponibilité pour les personnels de production qui préparent un tournage alors que leur travail est de préparer des tournages. Cela ressemble à un sketch d'humoriste, mais il s'agit de la stricte et triste réalité.

Dans une direction régionale de France 3 du sud de la France, un responsable d'antenne demanda il y a quelques années à une équipe de tournage de réaliser quelques images du bâtiment de la télé pour les besoins d'un magazine. Ce furent d'abord des soupirs de désespoir et ce commentaire du cadre : « Mais c'est pire que le goulag ici. » Puis, pour être descendus au bas de l'immeuble, avoir fait quelques pas sur le trottoir, le cameraman, le preneur de son et l'éclairagiste s'accordèrent une prime de sortie.

Les salariés de France Télévisions bénéficient aussi d'un régime spécifique pour les heures supplémentaires. Elles sont basées sur un système auto-déclaratif d'activité. Chacun inscrit de lui-même ses heures de travail. Ainsi, près de 50 % des salariés de France 2 et de France 3 bénéficient du paiement d'heures supplémentaires [1].

En mars 2008, un chef de service constate qu'une maquilleuse est championne des heures supplémentaires. Elles représentent les deux tiers d'un Smic tous les mois. Cela est d'autant plus suspect que le plan de tournage des émissions ne prévoit pas d'activité aux heures déclarées. La salariée explique à son supérieur : « Tu sais, je suis divorcée, j'ai deux enfants à élever. Le salaire de la chaîne ne me suffit pas, alors je déclare des heures supplémentaires, mais je fais ça discrètement, les collègues ne le savent pas et ça ne changera rien dans ton budget. »

Gagner plus en travaillant moins

La liste des avantages au sein de la télévision publique est longue. Si un salarié fractionne ses jours de congé, il a droit à cinq jours supplémentaires de congé dans l'année. S'il se marie, ce sont également cinq jours en plus. S'il a deux enfants, il bénéficie de neuf jours « enfants malades » dans l'année [2]. Neuf jours par an pour soigner ses enfants malades, voilà qui est social, sauf qu'à la fin de l'année on voit les chasseurs de primes se lamenter dans les couloirs : « Je n'ai pas encore pris mes jours enfants malades. » Ils se rendent alors chez un médecin compatissant qui

1. Rapport de la Cour des comptes, « L'incidence sur la gestion des entreprises du secteur public de l'audiovisuel des conventions collectives qui s'appliquent à elles ainsi que de leurs modalités de mise en œuvre », octobre 2003.

2. Idem.

signe un papier sans y croire, et voilà comment on détourne une mesure.

À ce rythme, le nombre annuel de jours travaillés oscillait entre 194 et 202 au moment du rapport de la Cour des comptes d'octobre 2003. La référence budgétaire à France 3 est de 188 jours pour les personnels techniques et administratifs [1]. Et il y a pire... À France 3, les journalistes doivent 196 jours de travail, mais, bien qu'ils soient tous cadres, ils peuvent compter leurs heures et demander des jours de récupération [2]. Du coup, ils travaillent beaucoup moins que 196 jours. Résultat : dans la télévision publique, il faut deux personnes pour assurer un poste de journaliste. À titre de comparaison, les journalistes de TF1 travaillent de 208 à 215 jours [3], soit entre 12 et 19 jours de plus par an.

Ainsi, à France 3, les effectifs ont progressé de 47 % en douze ans, entre 1994 et 2006 [4], mais pas le nombre d'heures de programmes, ni proportionnellement le nombre de tâches. Imaginez Auchan qui connaîtrait une progression de sa masse salariale sans ouvrir de nouveaux magasins, Renault qui produirait quasiment le même nombre de véhicules en augmentant aussi hardiment le nombre de ses salariés.

---

1. Déclaration de Geneviève Giard, directrice générale de France 3, devant la Commission des affaires culturelles du Sénat, 8 novembre 2005.

2. Rapport d'information sur « les conventions collectives des personnes de l'audiovisuel public », septembre 2004.

3. Bilan financier 2007 de TF1.

4. « Les missions du service public de l'audiovisuel et l'offre de programmes », Dominique Richard, mars 2006.

Dictature syndicale

La Cour des comptes a posé le diagnostic : « Les relations sociales dans les entreprises du secteur public audiovisuel sont caractérisées par une forte tension sociale et le règlement au coup par coup des problèmes sous la menace fréquente des préavis de grève dont le nombre est élevé. Il n'existe pas de gestion prévisionnelle des compétences et des emplois [1]. »

Cinq ans après ce constat, en mai 2008, la recommandation a enfin été mise en œuvre par Catherine Fabian-Sautter, directrice des ressources humaines de France 3, nommée quelques mois plus tôt. Elle expliquait alors aux organisations syndicales qu'il s'agissait de « favoriser le dialogue et la transparence dans l'entreprise par le biais d'un bilan de l'activité et l'examen de perspectives de développement ». Mais la CFDT Médias a trouvé à redire : « Nous ne laisserons pas se mettre en place un système discriminatoire qui n'apportera aucune réelle valorisation des compétences et des souhaits de développement des salariés [2]. » De quoi y perdre son latin : la valorisation des salariés était précisément le but recherché par Catherine Fabian-Sautter.

Pour la gestion des carrières et des rémunérations, France Télévisions est soumise à la double contrainte

1. Rapport de la Cour des comptes, « L'incidence sur la gestion des entreprises du secteur public de l'audiovisuel des conventions collectives qui s'appliquent à elles ainsi que de leurs modalités de mise en œuvre », octobre 2003.

2. Communiqué CFDT Médias, 21 mai 2008.

du paritarisme de la fonction publique et de la concertation sociale du secteur privé. Les avis consultatifs des organisations syndicales deviennent dans certains cas des avis conformes et relèvent souvent de la cogestion.

Le 9 octobre 2007 débutait une réunion paritaire entre la direction et les organisations syndicales de France 3 pour les nominations à 57 postes de travail ; elle a duré cinq jours. Oui, cinq jours de discussions, de palabres et de tractations, sur le mode : je veux bien prendre celui-là, mais tu me prends celui-ci. France 2 ne fait pas mieux : la direction choisit 80 % des bénéficiaires des mesures individuelles examinées en commission paritaire et laisse les 20 % restants aux organisations syndicales. À France 2, on en est arrivé au stade où les instances paritaires ou représentatives des salariés représentent une centaine de réunions par an.

Les dirigeants des chaînes de France Télévisions ont abandonné une partie de leurs attributions en matière de gestion de carrières alors que le paritarisme n'est théoriquement que consultatif. Et tous les coups semblent permis. Le 3 juin 2005, une organisation syndicale de France Télévisions n'avait pas hésité à déposer plainte contre le président de l'époque, Marc Tessier, pour délit de favoritisme et prise illégale d'intérêts. Ce n'est qu'au bout de trois ans que l'ex-président a bénéficié d'un non-lieu mettant enfin un terme aux accusations portées contre lui.

« Une conception bureaucratique »

Par le confort de vie que propose France Télévisions, les salariés affichent une grande ancienneté :

60 % ont plus de dix ans d'ancienneté, 30 % dépassent vingt ans de présence dans l'entreprise. Ici tout le monde râle, mais tout le monde reste. En septembre 2004, Patrice Martin-Lalande, député UMP du Loir-et-Cher, dénonçait déjà « le développement d'une culture qui relève plus d'une conception bureaucratique que du dynamisme qu'appelle la conduite d'entreprises de plus en plus soumises à des affrontements concurrentiels[1] ».

La loi de 1986 avait autorisé les nouveaux propriétaires de TF1 à se libérer de la convention collective de la communication et de la production audiovisuelle, il n'en fut rien dans l'audiovisuel public. Là encore, quel échec ! En 1993, Jacques Campet, conseiller-maître de la Cour des comptes, notait déjà : « Le développement des missions assignées aux télévisions publiques et l'affirmation de leur responsabilité d'entreprise ne peuvent aller sans une modernisation du système des accords sociaux et salariaux[2]. »

Rien n'a été fait. D'autres mises en garde ont suivi. Sans plus d'effet. Celle qui figure dans le rapport sur le projet de loi de finances pour 1997 est éloquente : « À l'heure du numérique, le secteur public doit prendre conscience qu'il est désormais en compétition avec les diffuseurs, publics mais surtout privés, du monde entier. Si le secteur public ne veut pas être balayé dans

---

1. Rapport sur les conventions collectives des personnels de l'audiovisuel public, Patrice Martin-Lalande, 22 septembre 2004.

2. Rapport au ministre de la Communication, « L'avenir de la télévision publique », Jacques Campet, septembre 1993.

les prochaines années, si les chaînes publiques ne veulent pas s'éteindre comme ce fut le cas des dinosaures, elles doivent s'adapter et moderniser leurs relations de travail, et, au premier chef, revoir cette convention. La convention handicape l'ensemble du secteur public. Les structures les plus dynamiques sont en dehors de son champ d'application. » Mais l'État n'est pas allé plus loin. Réformer la convention et sa kyrielle d'avantages pour les salariés est un sujet social tellement explosif que personne n'a jamais osé l'affronter.

La loi du 1er août 2000 instituant la holding France Télévisions n'a pas révisé non plus la convention collective. Tout le monde craignait encore un mouvement social d'envergure. À l'automne 2004, le ministre de l'Économie et des Finances, reviendra sur le même sujet : « La gestion des salariés placés sous le régime de la convention collective des entreprises publiques de l'audiovisuel s'éloigne très sensiblement de celle qui pourrait être attendue d'une entreprise et s'apparente beaucoup plus à celle d'une administration. » L'auteur de ces phrases n'était autre que Nicolas Sarkozy, dans le troisième gouvernement de Jean-Pierre Raffarin.

Avec la nouvelle loi sur la télévision publique, il en est à nouveau question. Les sociétés anonymes détenues par France Télévisions étant fondues en une société unique, une nouvelle convention collective doit être élaborée. Selon les propres explications de Christine Albanel : « Une concertation sociale de grande ampleur » va s'ouvrir. « Elle est prévue pour durer de quinze à dix-huit mois [1]. »

---

1. Présentation de la nouvelle loi sur la télévision publique à l'Assemblée nationale, 5 novembre 2008.

Les directeurs généraux des chaînes se sont vu confier de nouvelles missions transversales, des groupes de travail ont été constitués, un cabinet privé de conseil en organisation a été désigné, des projets d'organisations par filières doivent être présentés dans le courant du premier trimestre 2009. Dans le même temps, les différents comités d'entreprise et comités centraux d'entreprise seront informés. En prime, on peut s'attendre à des guerres syndicales en raison de la réduction du nombre de mandats des représentants du personnel. Autant dire que les quinze à dix-huit mois de délais imaginés par Christine Albanel avant l'entrée en vigueur de la nouvelle convention collective risquent fort de ne pas suffire.

Et ce n'est pas tout... Les services financiers de France Télévisions ont calculé que la création de l'entreprise unique avec son lot de rationalisations permettra d'économiser 120 millions d'euros. Mais la direction de France Télévisions a aussi indiqué que l'entreprise unique coûtera 100 millions d'euros en charges de personnel par l'alignement des salaires.

À France 3, certains cadres voient pourtant d'un bon œil les changements à venir. Et pour cause. Analyse de l'un d'eux : « À France 3 les acquis sociaux sont les plus importants et personne ne pourra les supprimer, à France 2 les salaires sont plus élevés et personne ne pourra les baisser. Donc on sera gagnant sur les deux tableaux. » Mais la revendication dominante reste le statu quo. Comme toujours à France Télévisions. L'intersyndicale de l'audiovisuel public a remis à l'Élysée une pétition signée par 2 800 personnes en deux jours pour réclamer le maintien des conventions collectives en vigueur avec cette demande expresse : « Les avancements automatiques et la reconnaissance d'ancienneté doivent être maintenus ainsi que le paritarisme [1]. »

1. Communiqué de l'intersyndicale de France Télévisions du 22 octobre 2008.

Sous le joug des producteurs

Un arsenal unique en Europe

D'un côté, France Télévisions, pivot de la santé économique de la filière de production française. De l'autre, 1 300 sociétés privées, pesant 2 milliards d'euros de chiffre d'affaires, regroupées dans une multitude d'organisations professionnelles. Entre les uns et les autres, des relations de dépendance se sont développées. La situation est d'autant plus malsaine que l'audiovisuel est un tout petit univers, où la vie et les travers privés et professionnels des uns et des autres sont connus de tous, racontés, déformés et amplifiés à souhait pour influer, intimider ou contraindre. Par ailleurs, beaucoup ont fait des passages dans le public avant de rejoindre le privé, ou inversement. Un exemple révélateur : pour son rapport de 2002 sur la place de la culture à la télévision publique [1], Catherine Clément avait rencontré Éric Stemmelen. Il était alors délégué général de l'Union syndicale de la production audiovisuelle. Depuis, il est devenu directeur de l'antenne de France 2.

1. Catherine Clément, « La nuit et l'été. Évaluation, analyse et propositions concernant l'offre culturelle à France Télévisions », décembre 2002.

En France, la production audiovisuelle est régie par un arsenal réglementaire unique en Europe. Décembre 1983 voit la création d'une taxe sur les services audiovisuels pour financer le Cosip, Compte de soutien à l'industrie des programmes audiovisuels. Le 17 janvier 1990, un décret détermine les obligations de diffusion d'œuvres cinématographiques et d'œuvres audiovisuelles originaires de la CEE et d'expression originale française. Le même jour, un second décret fixe les règles de la contribution au développement de la production. Le 18 janvier 1992, une loi fixe des quotas de diffusion des œuvres françaises et communautaires aux heures d'écoute significatives. En juillet et en décembre 2001, les décrets Tasca fixent des obligations relatives aux volumes d'investissements des chaînes dans la production et limitent la détention des droits de diffusion du radiodiffuseur. En 2005 est décidé un crédit d'impôts visant à relocaliser la production en France. Dès son instauration, il fournit 40 millions d'euros à la production audiovisuelle française. Dans l'intervalle, des fonds régionaux d'aide à la création et à la production audiovisuelle ont été créés par des collectivités. Enfin, à plusieurs reprises, la taxe alimentant le Cosip a été élargie, aux recettes liées aux appels téléphoniques surtaxés des émissions, aux recettes de parrainage et aux distributeurs de services de télévision, afin d'augmenter le volume d'argent disponible à redistribuer aux producteurs.

Le résultat de ces dispositions est double. D'une part, les six principales chaînes payent 356 millions d'euros de taxes et les trois principaux fournisseurs d'accès Internet versent 55 millions d'euros supplémentaires pour alimenter le Cosip[1]. D'autre part, les chaînes sont contraintes en plus d'investir dans la production. Le Conseil supérieur de l'audiovisuel résume : TF1, M6 et France 5 ont choisi le régime de base qui consiste à investir 16 % minimum de leur chiffre d'affaires net de l'année précédente dans la production d'œuvres audiovisuelles d'expression originale française. France 2 y consacre 18,5 % et France 3 y met 19 %. Ainsi, depuis 2000, les chaînes analogiques diffusées en hertzien terrestre ont-elles injecté 5 milliards d'euros dans l'industrie des programmes, contribuant ainsi à 70 % du financement des œuvres audiovisuelles d'expression originale française et 45 % du financement du cinéma[2].

L'exception culturelle française est donc un arsenal réglementaire qui porte à bout de bras la filière de production. Précisons que les aides sont accordées sur la base de projets de films écrits avant que la moindre image ne soit tournée. Dans un système marchand classique, cela reviendrait à acheter des biens sans les avoir vus.

Dans les « facilitateurs » de la filière française de production s'ajoute le régime spécifiquement français des intermittents du spectacle. Le principe, lui aussi unique en Europe, est le suivant : les artistes, les

1. Estimations du cabinet NPA à partir des données financières et opérationnelles, 16 octobre 2008.

2. CSA, rapport sur les quotas d'œuvres audiovisuelles et cinématographiques à la télévision. http://www.csa.fr/infos/controle/television _quotas_accueil.php

ouvriers ou techniciens du spectacle qui travaillent un minimum de 507 heures en onze mois bénéficient du statut d'intermittent du spectacle. Ce statut leur permet de toucher une indemnisation les jours où ils ne travaillent pas. La France compte quelque 74 500 intermittents. En moyenne, chacun perçoit 14 000 euros d'indemnités annuelles, en complément de son salaire. En 2005, le régime de l'intermittence du spectacle, qui ne représentait que 3 % des demandeurs d'emplois indemnisés par l'assurance chômage, était responsable à hauteur de 30 % du déficit de l'assurance chômage, soit 1 milliard d'euros.

Le comble : sans avoir mis en place un tel arsenal et en particulier un système de quotas d'investissements, l'Allemagne et la Grande-Bretagne disposent d'une industrie audiovisuelle bien plus performante.

L'art de profiter d'un système

Devant la caverne d'Ali Baba des aides françaises à la production, la file d'attente est permanente de tous ceux qui désirent venir y grappiller quelques biens. Le système français a même ouvert la porte à de nombreux abus.

Dans le sud de la France, un réalisateur intermittent, travaillant principalement pour France Télévisions, réussit, par une gestion très profitable pour lui de ses jours d'activité et de ses jours indemnisés, à gagner si bien sa vie qu'il dispose d'un bateau six places sur lequel ses amis se succèdent tout l'été. Autre grand classique : les sociétés de production audiovisuelle sont au nom d'amis complaisants pour permettre aux véritables gérants d'être intermittents du spectacle en ne se rémunérant sur les charges de la société que quelques jours par mois. Le reste du temps, ils touchent les Assedic, samedis et dimanches compris.

Évoquons aussi la Scam, Société civile des auteurs multimédias. Elle a versé en 2007 plus de 65 millions d'euros à près de 18 000 personnes. En principe, les bénéficiaires sont les auteurs et les réalisateurs, qui, à ce titre, figurent aux génériques des films. Pourtant, parmi les bénéficiaires des versements financiers de la Scam, figurent des producteurs qui s'autoproclament auteurs ou réalisateurs. C'est bon pour l'ego et cela permet de toucher une rémunération complémentaire. Certains producteurs profitent aussi du principe de rémunération de la Scam pour réduire les cachets des réalisateurs au motif qu'ils touchent de l'argent par ailleurs.

Aidées par le régime des intermittents, financées par les diffuseurs et par les différents fonds de soutien, les sociétés de production profitent aussi d'un décret qui protège leurs intérêts en matière de diffusion et de rediffusion des œuvres. « Regardez la fiction : 650 millions d'euros dépensés par an en France, 20 millions d'exportations. C'est un désastre. Il n'y a aucun pays d'Europe où les diffuseurs n'ont aucun patrimoine, où ils ne sont même pas copropriétaires des œuvres qu'ils financent. Nous sommes dans la situation d'acheter un appartement et d'en être locataire [1]. » Celui qui exprime ainsi son ras-le-bol est

1. Interview de Nonce Paolini, *Stratégies*, 4 septembre 2008.

Nonce Paolini, le P-DG de TF1. Or, c'est France Télévisions qui, par la masse de ses engagements dans la production, pourrait être à la pointe de l'exaspération.

Soucieux de rassurer le monde de la production dont il est issu, Patrick de Carolis s'est mis une corde au cou dès son arrivée à France Télévisions. Il avait alors déclaré : « Il faut aller au-delà des obligations, que je considère comme un plancher et non comme un plafond, et marquer un vrai tournant. Je propose d'augmenter de 20 millions d'euros par an la contribution du groupe à la production d'œuvres, soit 100 millions d'euros en cinq ans. Ce plan est à la fois ambitieux et réaliste. Il sera financé par un redéploiement budgétaire à l'occasion de l'élaboration des grilles de programmes et, à partir de janvier 2007, par l'affectation prioritaire de l'effet d'aubaine financière lié à l'ouverture de la publicité pour la grande distribution sur les chaînes généralistes[1]. » Si Patrick de Carolis a tenu ses promesses, l'effet d'aubaine publicitaire, lui, n'est arrivé que timidement à France Télévisions, mais bien plus à TF1 qui accueille près de 60 % des investissements publicitaires de la grande distribution. Évidemment, donner plus en n'ayant pas de nouvelles recettes pose ensuite un problème budgétaire.

Un lobby puissant

Monique Dagnaud, directrice de recherche au CNRS, et ancien membre du Conseil supérieur de

1. Audition de Patrick de Carolis par le CSA, 5 juillet 2005.

l'audiovisuel, trace le portrait des producteurs : « Associés aux évolutions du cadre juridique qui entourent les chaînes, consultés sur la politique du Compte de soutien, entendus sur la fixation de la redevance et des diverses mesures propres au secteur public de la télévision, ils constituent un lobby puissant au point que l'on peut pratiquement parler d'une cogestion du secteur avec les pouvoirs publics [1]. » Ils se sont autoproclamés défenseurs de l'identité culturelle française, protecteurs d'une télévision publique de qualité, et à ce titre n'ont pas de mal à mobiliser les milieux culturels.

Nicolas Sarkozy a dit un jour clairement ce qu'il pensait des producteurs : « Je ne verrais que des avantages à ce que les producteurs soient intéressés au succès de la diffusion de leurs œuvres. On se donne beaucoup de mal, on rencontre un grand succès et on n'en a pas le retour, on a l'impression qu'on s'en moque. On peut parfaitement voir dans les nouveaux contrats des clauses qui seraient des clauses d'intéressement. Évidemment, si on est intéressé quand ça marche, ça ne peut pas être sans conséquence si ça marche moins bien [2]. »

Fabienne Servan-Schreiber, productrice et vice-présidente de l'Union syndicale des producteurs audiovisuels, s'était immédiatement offusquée : « Depuis quand les producteurs sont responsables de leurs programmes ? Nous n'avons pas le *final cut* sur le film,

---

1. Article « Qui sont ces hérauts de l'exception culturelle », site de l'INA, 12 septembre 2007.

2. Discours à l'occasion de la remise du rapport Copé sur la nouvelle télévision publique, 25 juin 2008.

nous ne choisissons pas le moment de la diffusion [1]. » Cela reviendrait à dire que le garagiste qui répare une voiture, qui prend 200 euros pour procéder au changement des plaquettes de freins, n'est pas responsable si une défection survient sur les freins.

Les faiblesses de France Télévisions

Dans un tel contexte, France Télévisions s'en sort mal. Par exemple, les différents responsables des chaînes du groupe public n'ont jamais eu la bonne idée de se réunir autour d'une table pour unifier le montant des aides accordées à chaque type de production. L'apport financier pour une heure de documentaire varie du simple à plus du double selon la chaîne publique. 61 000 euros d'apport de France 3 Régions pour une heure de documentaire. 112 000 euros de France 3 Nationale. 143 000 euros de France 2. 88 000 euros de France 5. Comment l'audiovisuel public peut-il justifier de tels écarts ? Pourquoi 55 000 euros d'écart entre le financement par France 2 et par France 5, pour des films aux exigences de production équivalentes ?

Il n'existe pas plus de concertation éditoriale au sein de France Télévisions. Combien de fois a-t-on vu les mêmes sujets traités sur les différentes chaînes du service public ! Ainsi, deux téléfilms sur Sartre commandés en même temps par France 2 et par France 3. L'année 2008 a été un cru exceptionnel dans le registre de la multiplication des films sur le même sujet. La commémoration du quarantième

1. Europe 1, 26 juin 2008.

anniversaire de Mai 68 a donné lieu au financement de deux documentaires par France 2, huit documentaires par France 3 et six documentaires par France 5, soit seize films au total. Personne ne s'est dit qu'avec un investissement équivalent ou moindre on avait une occasion rêvée de proposer une production transversale, multi-supports. Prochain rendez-vous pour les films à foison : 2009 et l'anniversaire de la chute du mur de Berlin. Même la démarche simplissime de créer un fichier électronique avec la liste des productions en cours au sein de France Télévisions n'a jamais été engagée, alors même qu'une telle option aurait permis de réaliser des économies substantielles en matière d'investissements documentaires ou d'élargir le spectre des sujets traités.

Connaissant parfaitement ces failles, les sociétés privées en usent et en abusent. Lorsqu'un projet est refusé par une unité documentaire quelconque du groupe France Télévisions, le producteur peut encore tenter de séduire des dizaines d'autres responsables. Bien évidemment, rares sont les professionnels qui reconnaissent leurs ruses.

Un producteur raconte quelques histoires vécues : « Un jour j'ai proposé un documentaire à un responsable d'unité de programmes de France 3. Il a refusé le dossier. Deux ans plus tard, je lui ai présenté exactement le même dossier, qu'il a immédiatement signé. Un autre cas concerne France 5. Après un premier refus écrit, je suis intervenu auprès d'un ami travaillant dans la chaîne et tout est rentré dans l'ordre. Une autre technique consiste à jouer sur les rivalités entre certains responsables de programmes de France Télévisions. Il suffit de dire à l'un que son ennemi juré n'a pas voulu d'un projet pour qu'il le prenne presque à coup sûr. Il est bon aussi de connaître les centres d'intérêt personnels des responsables d'unités de programmes, histoire de mieux les séduire avec les sujets qui leur sont chers. » Ce producteur a fini par quitter le métier, exaspéré...

L'organisation de France Télévisions laisse le champ libre aux plus malins des producteurs. Certains parviennent à cumuler des financements de différentes chaînes du groupe public pour le même film. Il arrive aussi que des films soient financés par différents guichets de la même chaîne. Ainsi, une série de documentaires sur des affaires judiciaires classées a été financée par les antennes régionales de France 3, par l'antenne interrégionale de la chaîne et par l'unité documentaire nationale de la 3. À tout cela s'ajoutaient bien sûr les fonds de soutien habituels. Jackpot assuré.

Pas étonnant que la productrice Fabienne Servan-Schreiber ait exprimé un jour son opposition à l'instauration d'unités de programmes transversales à France Télévisions en lieu et place d'unités de programmes par chaîne. Bien évidemment, cette rationalité réduirait considérablement le nombre de portes d'entrée pour décrocher des financements. La patronne de Cinétévé explique : « Si une direction vous a dans le nez pour telle ou telle raison, vous allez avoir du mal à travailler [1]. »

1. Europe 1, 26 juin 2008.

La générosité de France Télévisions

Dans les contrats avec les producteurs, France Télévisions n'a jamais réglé la question de la circulation des œuvres en son sein.

Il y a deux ans, France 2 avait financé un documentaire consacré à l'engagement citoyen d'une chanteuse dans une ville de province. Une direction régionale de France 3 a souhaité diffuser ce même film, mais pour cela elle a été contrainte d'ouvrir également son porte-monnaie. On appelle cela un double paiement pour le même film par deux chaînes du service public.

Pire : au printemps 2008, une direction régionale de France 3 a voulu diffuser un extrait d'une émission de Yann-Arthus Bertrand, proposé le soir même sur France 2, une partie ayant été tournée dans ladite région. À l'époque, les responsables de France 3 s'étaient entendu répondre par le producteur que l'utilisation d'images au-delà de vingt secondes était payante. Tous les arguments déployés sur la volonté de promouvoir l'action de Yann-Arthus Bertrand, sur la notion de groupe public et sur la démarche citoyenne n'ont servi à rien. La possibilité de gagner quelques centaines d'euros supplémentaires était le seul souci du producteur privé.

France Télévisions ne surveille pas suffisamment non plus les conditions de tournage. L'un des grands classiques pour une société de production est de réduire les moyens mis en œuvre pour un film pour augmenter ses marges. Les entreprises spécialisées dans ces techniques sont connues de tout le milieu audiovisuel. Il y a celles qui confient régulièrement les documentaires à des « réalisateurs hommes à tout faire », en faisant l'impasse sur le cameraman, le preneur de son, l'éclairagiste et le technicien de montage. Il y a celles qui, sans vergogne, font l'impasse sur le repérage préalable au tournage ou qui demandent aux réalisateurs d'assurer le travail pendant les journées d'indemnisation de l'assurance chômage. Parfois aussi, les techniques frisent le ridicule, comme ce producteur privé, contacté par une chaîne publique, qui se fait payer grassement un reportage musical, sans envoyer de preneur de son, ou cet autre producteur privé qui fait couvrir un match de football de Ligue 1 par un stagiaire équipé d'une caméra de poing.

Entre 2006 et 2008, un responsable de programmes de France 3 s'est singularisé en voulant faire respecter les contrats de coproduction qui prévoient que les recettes éventuelles d'un film soient partagées entre la chaîne et les sociétés privées au prorata de l'apport de chacun. Rien de plus normal et de plus logique en somme. Sauf que, jusque-là, les sociétés de production ne signalaient pas leurs recettes d'exploitation, pas plus que France Télévisions ne réclamait son dû. Avec une seule société de production, l'examen des comptes a permis à la télévision publique de récupérer suffisamment d'argent pour financer un documentaire de plus.

Pourtant le cadre de France Télévisions a été présenté comme le fossoyeur de la création culturelle et a été désavoué par la direction parisienne de la chaîne qui estima qu'il n'était pas nécessaire de s'engager sur de telles voies. Comme si l'argent des contribuables n'avait pas de valeur, comme si cet argent ne méritait pas d'être valorisé, comme si, une fois encore, il ne fallait surtout pas faire de vagues. Ce cadre s'entendrait bien avec Nonce Paolini qui affirme : « Les décrets Tasca n'ont eu qu'un effet : les producteurs, leurs auteurs et les diffuseurs sont plus des adversaires que des partenaires[1]. »

Mais puisque décidément France Télévisions n'est pas à un abandon près pour satisfaire les créateurs, lors des Rencontres cinématographiques de Dijon en octobre 2008, Patrice Duhamel a annoncé que la direction du groupe public avait décidé de ne plus faire figurer les logos des chaînes pendant la diffusion des fictions. Les auteurs et réalisateurs le réclamaient depuis longtemps. France Télévisions finance largement la création d'œuvres, tire peu de profits de l'exploitation commerciale de ces œuvres, et renonce même à y apposer sa marque, sans compter que le téléspectateur ne saura même plus quelle chaîne il regarde.

À l'automne, Patrick de Carolis a subitement tenu un discours plus volontariste pour l'avenir : « Quand un producteur vendra un programme à France 2, puis un autre à France 3 et enfin un dernier à France 5, ce qui changera, c'est que l'analyse budgétaire, qui jusque-là était faite sur chaque chaîne, sera désormais groupée. Et que, pour les pourcentages de frais généraux de chacun des programmes, on va pouvoir discuter[2]. » Précision encore du président de

1. *Stratégies*, 4 septembre 2008.
2. Audition devant les commissions de la culture et des finances du Sénat dans le cadre de l'exécution du contrat d'objectifs et de moyens, 19 novembre 2008.

France Télévisions : « En septembre dernier, les négociations avec les producteurs ont été rudes, mais nous avons obtenu des tarifs en baisse de 10 à 15 % et même de 30 % en ce qui concerne l'access prime time de France 2. » Reste à regarder sur la durée les résultats de cette belle intention affichée. Par ailleurs, fallait-il que l'audiovisuel public ait le couteau sous la gorge pour qu'enfin il se décide à être plus exigeant ? Et combien de centaines de millions d'euros d'argent public ont été perdus au cours des années écoulées en l'absence d'un tel dispositif ?

Petit guide de manœuvres d'évitement

À défaut d'afficher des lois commerciales classiques de l'offre et de la demande, les nombreux responsables de programmes de l'audiovisuel public ont inventé une longue liste de procédés pour manœuvrer face aux producteurs. Attention, c'est souvent puéril...

Une première technique consiste à ne pas afficher de ligne éditoriale claire dans les différentes unités de programmes. Cela permet de louvoyer à l'envi et de choisir plus librement les productions. Un responsable de programmes de France 3, qui avait souffert de cette situation au temps où il avait été lui-même producteur, s'était mis en tête de clarifier les relations. Son propos : « Face à la révolution numérique, il est urgent de renouveler les formes, les formats et les contenus des productions mises à l'antenne. Je souhaite que nous explorions ensemble de nouvelles voies. Vous êtes des partenaires naturels de la chaîne, nous souhaitons rénover les collaborations. » Ce fut la curée : une campagne de presse pour dénoncer une mise à la casse du documentaire, des calomnies sur Internet, une pétition mensongère. Car autant les producteurs réclament plus de clarté, autant le flou qu'entretiennent les chaînes publiques les arrange, notamment dans la concurrence très vive qu'ils se livrent entre eux, au-delà de leur corporatisme affiché.

Une deuxième technique pour contenir la pression des producteurs consiste à « jouer la montre ». Un jeune producteur de fiction essaye depuis quatre ans d'obtenir un rendez-vous avec un responsable de programmes de France 4. Un mercredi de mai 2008, un producteur venu de province a rendez-vous avec un cadre de France 3 pour évoquer le contenu éditorial d'un documentaire à tourner de façon imminente et convenir des détails de la coproduction. La rencontre avait été fixée à 14 h 30. Le producteur patienta jusqu'à 17 h 35 dans le hall d'accueil pour finalement voir une assistante pendant exactement trois minutes trente.

Combien de fois a-t-on vu des bureaux de responsables de programmes envahis de projets de films, tous en attente de réponse ! Non pas tant que ces responsables de programmes soient tous débordés de travail, mais bien plus parce que laisser les dossiers en suspens est une manière d'affirmer son pouvoir et une façon de retarder le moment où il faudra finir par refuser les projets. Pierre Block de Friberg, responsable du pôle documentaire de France 5, explique : « Nous sommes des machines à dire non. France 5, par exemple, reçoit près de 3 000 projets par an et en refuse 2 700 [1]. » Mais voilà, dire non à un producteur,

1. Forum de la Scam, 13 mai 2008.

c'est risquer des remous. Il y a quelques années, un responsable des programmes avait trouvé une autre solution très personnelle pour échapper au jeu de pouvoir et de pressions : il signait chaque année une production à un panel constant de sociétés privées. Parfois, il s'en offusquait lui-même : « J'ai encore signé pour un projet sans intérêt, mais au moins j'ai la paix. »

À Paris, France Télévisions organise régulièrement des réunions avec les producteurs. Pendant que les dirigeants des sociétés privées participent à ces rencontres, flattés, pour certains, d'avoir accès au Paquebot, ils ne font pas de vagues. Ces rendez-vous sont soigneusement préparés par le groupe public qui sélectionne ses propres participants en fonction de leur talent pour la langue de bois et leur capacité à multiplier les sourires enjôleurs. Objectif : diffuser une bonne parole apaisante, rassurer les syndicats de producteurs, faire des promesses. Au printemps 2008, France 3 s'engageait à augmenter le financement de chaque projet, mais, au même moment, des consignes, une fois de plus orales, étaient données à tous les responsables de programmes de freiner les coproductions. Au sein de France Télévisions, pour tenter d'avoir la paix, on n'est pas à un arrangement près.

Fausses promesses et vrais chiffres

Le 26 mars 2008, un cadre de France Télévisions sort furieux d'une réunion. En fin de carrière professionnelle, la peau tannée par les coups pris pendant ses nombreuses années au sein de l'audiovisuel public, il a réussi à survivre et a appris une prudence de Sioux. Il n'est généralement pas du genre à faire part de ses états d'âme. Ce jour-là, pourtant, au détour d'un couloir, il lâche aux deux premières personnes qu'il croise : « Franchement, on ne peut pas continuer comme ça. Je ne vais pas pouvoir encore longtemps inventer des règles de calcul improbables pour faire croire que le volume de nos coproductions est en hausse. Il va bien falloir un jour dire la vérité. » Il n'en fera rien. La holding, les directeurs des différentes chaînes, les responsables des unités documentaires, tous continuent à affirmer comme un seul homme que France Télévisions est championne toutes catégories des coproductions et que les aides à la création ne cessent d'augmenter. Tout cela est parfois excessif, parfois inexact, parfois faux.

Voici les chiffres, les vrais, ceux que le groupe public garde précieusement dans ses armoires. Les investissements de France Télévisions tous secteurs confondus, dans la coproduction d'œuvres de fiction, de documentaire, de films d'animation et de spectacle vivant, ont baissé de 40 millions d'euros entre 2006 et 2007. Ils sont passés de 394,2 millions d'euros à 354,2 millions d'euros. À France 2, la diffusion d'œuvres audiovisuelles d'expression originale française en première partie de soirée a baissé de 13 %. La diffusion d'œuvres cinématographiques en prime time est deux fois et demie moins importante que le seuil autorisé[1].

1. Centre national de la cinématographie, « La production audiovisuelle aidée en 2007 », avril 2008.

Pour les productions documentaires, fer de lance de l'audiovisuel public, le nombre d'heures produites par France Télévisions est en baisse régulière depuis cinq ans, passant de 864 heures en 2003 à 742 heures en 2007, soit un retrait de 14 %. À France 3, la diffusion des magazines et des documentaires a régressé de 200 heures en un an entre 2006 et 2007, y compris aux heures de grande écoute où leur proportion a chuté de près de 14 %. Sur France 4, la part des documentaires et des magazines a baissé de 54 %. À l'opposé de tous les discours officiels, voilà qui met à terre des années de langue de bois.

Entre 2006 et 2007, les investissements de France Télévisions dans la fiction ont également baissé de 30 millions d'euros. Baisse aussi pour les spectacles vivants, tout particulièrement dans les antennes régionales de France 3 où les investissements ont été divisés par quatre en deux ans, tout simplement parce qu'elles ne disposent plus des créneaux horaires pour assurer les diffusions.

Enfin, alors que France Télévisions insiste sur sa mission culturelle, les investissements de France Télévisions dans les magazines d'intérêt culturel aidés par le CNC sont passés de 13,4 à 4,4 millions d'euros, pour une réduction de près de 65 % du nombre d'heures. Dans le même temps et pour le même secteur des magazines culturels, Arte a augmenté de 80,7 % ses commandes. Sur les deux dernières années, au sein de France Télévisions, seule l'animation tire son épingle du jeu avec une progression de 5 millions.

On est loin des discours lénifiants des dirigeants de France Télévisions sur la culture. Et le lancement par France 3, à l'été 2008, d'un site Internet dédié aux sujets culturels a des allures de cache-misère, d'autant que cet outil reprend presque exclusivement des sujets des journaux télévisés.

Il est injuste aussi de diaboliser les télévisions privées. Entre 2006 et 2007, les dépenses en production inédites d'œuvres audiovisuelles et en achat de droits ont augmenté de 4 millions d'euros à Canal Plus, autant chez M6, et de 10 millions d'euros à TF1. Depuis 2005, leurs investissements dans la production française ont même progressé de 21 millions d'euros. Il est donc abusif de prétendre que France Télévisions est le numéro un de la coproduction et de l'achat de droits. Ensemble, les trois chaînes privées historiques, TF1, M6 et Canal Plus, y ont consacré 56 millions de plus en 2007 que France Télévisions [1].

Nage en eau trouble

Les relations entre les sociétés de production et la télévision publique sont parfois troubles...

En 2005, France 3 passe commande de sept documentaires à la société Eclectic. Or, qui détenait alors Eclectic ? Un certain Patrick de Carolis, par ailleurs ancien directeur des documentaires et des magazines de la chaîne. L'engagement de France 3 porte sur 1,4 million d'euros. Patrick de Carolis s'était à l'époque justifié : « Dans ma tête, quand le papier est signé, le 8 mai, je ne suis pas candidat à la présidence

1. CSA, Dépenses en production d'œuvres audiovisuelles (production inédite et acquisitions de droits) déclarées par les diffuseurs TNT au titre de l'exercice 2007.

de France Télévisions. Je l'ai été le 13 juin. » Cela signifie qu'il n'aurait pensé au poste prestigieux que trois semaines avant son audition par le Conseil supérieur de l'audiovisuel. Devenu président de l'audiovisuel public, il a vendu sa société au prix « fixé par un expert auprès des tribunaux » à son associé et ami, le réalisateur Jean-Luc Orabona[1]. Depuis, Eclectic travaille toujours beaucoup pour la télévision publique, en particulier pour France 3.

Autre cas : Mireille Dumas, la confesseuse cathodique, est une redoutable femme d'affaires. Il y a quelques années, sur une période de trente mois, le coût de son émission avait progressé de 44 %[2]. Le producteur Michel Malausséna raconte l'arrivée de Mireille Dumas à la télévision publique, c'était à France 2 à l'origine. « Elle trouve un titre, "Bas les masques", et signe un contrat de quarante émissions, une saison. Sept cent cinquante mille francs par semaine (près de 115 000 euros) sans rien dévoiler du contenu de ce qu'elle va faire. Et pour cause, elle n'en sait rien, si ce n'est qu'il s'agira d'une émission de talk-show ; mais laquelle[3] ? »

Le 22 mai 2007, à 12 h 30, dans un salon chic d'Arte à Strasbourg, un déjeuner réunit trois des responsables des soirées « Thema » et un représentant de

1. Article de Véronique Groussard, *Le Nouvel Observateur*, 14 juillet 2005.

2. Rapport de la Cour des comptes sur France Télévisions, 1998.

3. Michel Malausséna, *Les animatueurs*, Jean-Claude Gawsewitch Éditeur, 2008.

France 3. Il y a plus d'un an, les deux chaînes se sont engagées dans la production d'un documentaire prestigieux de 52 minutes. Le projet a été confié à un producteur indépendant qui a obtenu des aides financières plus que confortables : 258 000 euros. Or, Arte et France 3 viennent d'être alertées par le chef opérateur du film que, lors d'un tournage en Italie, le producteur et son épouse étaient sur place pour faire bombance. Au cours de ce même déplacement, le producteur avait annoncé qu'à l'avenir il tournerait lui-même les images et qu'il ne ferait plus appel à un preneur de son, le budget du film ne permettant pas, selon lui, de financer une équipe technique complète. Intriguée, Arte avait demandé à voir le livre des comptes de la société. La chaîne franco-allemande constata alors que, depuis le lancement du projet, le producteur et sa femme vivaient intégralement sur le budget du film, sans exercer aucune autre activité. Pour masquer le procédé, les comptes faisaient mention de l'embauche fictive d'intermittents du spectacle. Bien que l'affaire eût sans doute un caractère pénal, Arte et France 3 n'avaient à l'époque pas souhaité porter le dossier devant la justice. Une nouvelle société fut désignée, mais le producteur initial a toujours refusé de rendre les images tournées, ainsi que les 36 000 euros qu'il avait déjà empochés.

En mai 2008, après l'annonce de l'arrêt de l'émission quotidienne de Laurent Ruquier, la productrice Catherine Barma exige de France Télévisions soit une compensation financière, soit de nouvelles commandes des chaînes publiques. L'émission de Ruquier lui assurant un chiffre d'affaires de 18 millions d'euros, elle exerce une pression telle sur le groupe public qu'elle finit par obtenir le marché des nouveaux programmes de Daniel Picouly et de Frédéric Lopez pour France 2.

Le premier soir de l'été 2008 a offert une autre illustration du monde impitoyable de l'audiovisuel. Ce jour-là, France 2 annonce l'interruption des négociations avec le journaliste Nicolas Demorand. Il devait présenter un nouveau magazine culturel produit par Serge Moati. Patricia Boutinard-Rouelle, directrice des magazines et documentaires de la chaîne, déclare aux médias : « France Télévisions n'est pas une salle des ventes. Les prétentions financières de Nicolas Demorand sont considérées comme obscènes sur le service public[1]. » Des chiffres circulent : le journaliste réclamerait 25 000 euros par mois, une indemnité de 100 000 euros en cas de rupture de contrat et un à-valoir de 30 000 euros à la signature. Problème : le journaliste, qui assure par ailleurs la tranche matinale de France Inter, n'a jamais discuté salaire ni avec France 2, ni avec le producteur. Ce même 20 juin 2008 au soir, sans connaître les déclarations de France 2, Nicolas Demorand rencontre Serge Moati au mariage d'une amie commune. Le journaliste le racontera plus tard : « La conversation a été cordiale et chaleureuse sur ma rémunération. Les chiffres évoqués sont de huit à dix fois inférieurs à ceux qui circulent[2]. » Furieux, s'estimant diffamé, le journaliste contacte un avocat. Analyse d'Emmanuel

1. *Le Figaro*, 23 juin 2008.
2. *Le Parisien/Aujourd'hui en France*, 24 juin 2008.

Berretta, spécialiste média du *Point* : « Serge Moati, producteur, a joué son va-tout sur un coup de bluff. Afin d'obtenir un budget plus important pour l'émission, il a exagéré les prétentions salariales de son animateur. Le coup classique du "c'est pas moi, c'est lui". Moati n'avait pas prévu que ces chiffres fuiteraient dans la presse[1]. » Depuis, Nicolas Demorand a signé avec i-Télé.

Comment expliquer aussi que certaines sociétés de production soient les fournisseurs attitrés de l'audiovisuel public, par exemple dans le domaine de la création de génériques et de jingles, alors même que France 3 dispose d'un atelier de vidéographie, créé spécialement pour réaliser, en interne et à moindre coût, des effets visuels sophistiqués ? Fin 2008, le groupe France Télévisions a passé commande de nouveaux clips pour ses chaînes. Montant de la facture : 200 000 euros par chaîne[2]. Comme d'habitude, le tout a été confié à des agences privées. Merci pour elles. D'autant que des investissements conséquents dans « l'habillage » des chaînes avaient déjà été réalisés un an plus tôt et que l'État pressait alors France Télévisions de réaliser des économies. 200 000 euros par chaîne, à raison de cinq chaînes, cela fait quand même 1 million d'euros. À l'heure de la rigueur, les contribuables apprécieront.

Parfois aussi, afin de travailler dans des conditions optimales de souplesse, de réactivité et d'efficacité,

1. Article d'Emmanuel Berretta, *Le Point*, 24 juin 2008.
2. Annonce lors du Marché international des contenus audiovisuels à Cannes, 14 octobre 2008.

France Télévisions fait le choix d'« externaliser la production ». Cela consiste à ne pas s'appuyer sur les équipes de tournage et de montage internes aux chaînes du groupe, mais à confier le travail à des sociétés privées. Par ces pratiques, le groupe France Télévisions a indirectement favorisé la constitution de sociétés de production dont il est le client privilégié, pour ne pas dire exclusif. Le procédé, s'il est parfaitement compréhensible compte tenu des lourdeurs de l'audiovisuel public, présente pourtant un problème majeur. La jurisprudence établit notamment que le délit de marchandage est constitué lorsqu'un sous-traitant travaille pour un seul client depuis plusieurs années. Des cas de ce type sont connus de tout France Télévisions, pourtant ils perdurent. Par le passé, certains ont tenté d'y mettre un terme, mais se sont trouvés confrontés à un dilemme : soit ces pratiques singulières sont définitivement rejetées, au risque que des émissions s'arrêtent ; soit elles demeurent, et des émissions à succès continuent à exister dans les grilles des programmes. La situation est dramatique : avec 11 000 salariés et des moyens techniques dont toutes les chaînes rêvent, France Télévisions est contrainte, par le poids de ses propres entraves, à s'adjoindre les services de sociétés de production privées en empruntant des chemins détournés au risque de franchir la ligne blanche des interdits.

Lorsque les politiques s'en mêlent

Dans l'univers si singulier de la filière de production s'ajoute un dernier ingrédient : le lobbying politique. Les élus de la Nation sont fascinés par la télévision et rêvent d'y apparaître le plus souvent possible. Maires, parlementaires, ministres, présidents de la République, ils ont tous besoin des diffuseurs comme des producteurs et sont charmés par ces hommes et femmes qui fabriquent les images pour les Français. Ce lobbying a toujours existé, la peur face à la révolution des médias ne fait qu'accentuer son recours.

Un producteur raconte comment, au cours de l'année écoulée, il a décroché un film à France 5 : « Je n'avais jamais eu accès à cette chaîne. Souvent je n'ai même pas eu de réponse aux dossiers que je déposais. Et puis, un jour, j'ai eu une idée de documentaire qui me tenait particulièrement à cœur. Craignant de me faire retoquer une fois de plus, je m'en suis ouvert à un ami qui côtoie régulièrement des responsables de France Télévisions lors de rencontres avec des parlementaires. Précision importante, cet ami est aussi, de notoriété publique, un proche de Nicolas Sarkozy. Il m'a proposé d'appeler le président de France Télévisions. Après un temps d'hésitation, j'ai fini par accepter l'idée. France 5 se manifesta immédiatement pour m'assurer que mon projet était très intéressant et qu'il fallait le réaliser au plus vite. »

Au cours d'un week-end de juin 2008, le directeur général des antennes de France Télévisions, Patrice Duhamel, a même reçu directement un coup de fil présidentiel. Les deux hommes se connaissent de longue date, se tutoient – parfois aussi, Sarkozy n'hésite pas à parler vertement à Duhamel. Ce jour-là, le chef de l'État veut que le directeur général du groupe public rencontre sur-le-champ un producteur de cinéma et de télévision[1]. Et il y a mieux encore...

Avec l'aide de Carla...

1er juin 2008. XVIe arrondissement de Paris, non loin de la porte d'Auteuil. Dans son hôtel particulier, Carla Bruni-Sarkozy reçoit Fabienne Servan-Schreiber, productrice et vice-présidente de l'Union syndicale des producteurs audiovisuels (USPA). Elles sont de vieilles connaissances. En 2005, la productrice avait lancé un film sur celle qui était alors ex-mannequin devenue chanteuse et pas encore Première dame de France. Lors du déjeuner qui les rassemble, la productrice fait part à la femme du Président de ses craintes pour la télévision publique, mais surtout pour l'avenir économique des sociétés de production. Elle redoute que les obligations des chaînes françaises en matière de production soient revues à la baisse. Très prosaïquement, si le chiffre d'affaires de l'audiovisuel public devait baisser, les investissements dans la production risqueraient mécaniquement de diminuer aussi. Les producteurs sont paniqués à l'idée d'une remise en cause du volume d'activités des créateurs. L'épouse du chef de l'État est attentive et commente elle-même la rencontre : « J'ai vu à quel point les craintes étaient justifiées. J'ai demandé à Fabienne Servan-Schreiber d'en parler directement à mon mari[2]. »

---

1. Article de Renaud Revel, *L'Express*, 26 juin 2008.
2. *Libération*, 21 juin 2008.

Dès le lendemain du déjeuner, l'Élysée fixe un rendez-vous aux producteurs. Ce sera le 4 juin à 17 h 30. Nicolas Sarkozy abrège son entretien avec le premier président de la Cour de cassation venu lui remettre un rapport pour accueillir l'amie de sa femme, accompagnée d'une série de représentants de syndicats de producteurs. À leur sortie de l'Élysée après une heure et quart d'entretien, ils affirment avoir trouvé Nicolas Sarkozy « passionné » par le sujet et « bon connaisseur » du dossier. Dans la foulée, l'USPA diffuse un communiqué triomphal : « Le président de la République a déclaré être prêt à confirmer par lettre l'engagement de la sécurisation du financement de la création audiovisuelle par France Télévisions pour les deux années de transition et les années à venir. Lors de cet entretien, il s'est dit déterminé à protéger la création française aussi bien chez les diffuseurs publics que privés mais sans s'engager à maintenir les obligations de production d'œuvres patrimoniales. » Belle victoire pour Fabienne Servan-Schreiber, grande spécialiste du lobbying politique, soutien de Lionel Jospin lors des présidentielles de 2002, soutien des socialistes en 2007, qui a joué un rôle non négligeable dans l'élaboration des décrets Tasca et qui a aujourd'hui ses entrées à l'Élysée grâce à son amie Carla.

Guerres syndicales

Tout au long de l'année 2008, les nombreux syndicats de producteurs ont multiplié leurs interventions pour obtenir un maximum de garanties de recettes de la part des chaînes en agitant en permanence le spectre de la mise en danger de la création par la faute de Nicolas Sarkozy. Si les syndicats de l'audiovisuel public ont été d'accord avec les syndicats de producteurs pour s'en prendre au président de la République, les premiers dénoncent pourtant de façon constante les méthodes des seconds.

Au moment des conflits relatifs à la filière de production de France 3, le syndicat national de la CGT de la radio-télévision avait violemment attaqué les producteurs privés. En rappelant qu'aucun autre pays européen n'est allé aussi loin dans le financement aidé de la production privée, la CGT avait écrit : « Les producteurs qui s'approprient déjà la majeure partie de la production et de la fabrication du groupe (360 millions d'euros) n'hésitent pas à mordre la main qui les nourrit. Une réglementation inique, les décrets Tasca, qui contraint les chaînes à passer commande auprès des producteurs privés et qui interdit à ces mêmes chaînes d'accéder au compte de soutien qu'elles alimentent par ailleurs... où est la distorsion de la concurrence ? Un recours structurel au financement public de l'Unedic via les annexes spécifiques de l'assurance chômage qui permet aux producteurs privés d'externaliser leurs charges sur le dos de la collectivité... où est la distorsion de la concurrence ? Une mécanique parfaitement au point d'aides en cascade pour alimenter les producteurs qui font le chantage à la délocalisation pour obtenir, en plus des aides, des exonérations d'impôts et de charges pour relocaliser les tournages sur le territoire national... où est la distorsion de la concurrence[1] ? »

1. Déclaration à l'ouverture du Comité central d'établissement de France Télévisions le 6 octobre 2006, SNRT-CGT – SNJ-CGT.

La CGT de France 3 a remis cela en 2008 : « Le système français que les producteurs défendent bec et ongles a placé l'audiovisuel de notre pays dans le peloton de queue des pays européens en matière de production audiovisuelle (sauf pour l'animation). Il a organisé la déstructuration économique et sociale du secteur en dépit d'un pompage massif des finances publiques via l'assurance chômage[1]. » En 2007, selon le CSA, les investissements, toutes chaînes de télévisions françaises confondues, dans la production d'œuvres audiovisuelles ont frôlé les 894 millions d'euros[2].

Nouvelle victoire des producteurs

À l'automne 2008, Patrick de Carolis a signé un nouvel accord prévoyant une hausse des investissements du groupe public dans la production d'œuvres. Ils passeront de 18,5 % du chiffre d'affaires à 20 % en 2012. Le service public a une fois de plus cédé. Les producteurs ont une fois de plus gagné. Christopher Baldelli, président de M6 Thématique, directeur général de France 2 entre 1999 et 2005, avait pourtant prévenu : « En 2009, les créations seront mieux financées que jamais, parce qu'il y a le nouvel opérateur Orange, parce que le chiffre d'affaires de France Télévisions est garanti et parce que celui des chaînes privées va augmenter avec les transferts de recettes

1. Communiqué de presse du 28 mai 2008.
2. « L'offre de programmes et la production d'œuvres audiovisuelles », CSA, 31 octobre 2008.

publicitaires[1]. » Autrement dit, il n'était peut-être pas nécessaire que France Télévisions augmente ses investissements.

Sans doute pour se donner bonne conscience, à moins qu'il ne s'agisse de faire bonne figure, Patrice Duhamel, le numéro deux de France Télévisions, a indiqué : « Les producteurs vont avoir des négociateurs uniques à France Télévisions et, croyez-moi, ces négociateurs ont une feuille de route rude, et comptez sur nous pour utiliser le mieux possible l'argent public[2]. »

Oui, mais voilà. Le 5 janvier 2008, France 2 a diffusé la pièce de théâtre *Les Fugueuses*, avec Line Renaud et Muriel Robin. Le succès d'audience a été considérable, avec plus de 8 millions de téléspectateurs. La dépense avait été impressionnante : 500 000 euros dont 200 000 pour chacune des deux comédiennes[3]. Et à ce prix-là, France 2 n'a visiblement pas bien négocié ses droits.

Lorsqu'on cherche *Les Fugueuses* sur le site francetvod.fr, on a droit à la mention : pas de réponse. Pourtant, la pièce peut être vue sur divers autres sites de vidéo à la demande moyennant une petite participation financière. Puis, à l'automne 2008, la pièce est

---

1. Déclaration lors du colloque « Les nouveaux équilibres du média global », Paris, 16 octobre 2008.

2. Audition devant les commissions de la culture et des finances du Sénat dans le cadre de l'exécution du contrat d'objectifs et de moyens, 19 novembre 2008.

3. Emmanuel Berretta, « Le jackpot du théâtre », *Le Point*, 17 janvier 2008.

sortie en DVD. Sur le générique de début, un distributeur mondialement connu. Au copyright, le nom de deux sociétés de production. Sur l'emballage, les logos du *Figaro*, de *Fémina* et de RTL. Mais aucune trace, nulle part, de France 2, pas même le logo de la chaîne dans un petit coin. Autant dire que les fameux négociateurs tant mis en avant par Patrice Duhamel ont du travail.

Et pendant que l'audiovisuel public apporte toujours plus aux sociétés privées, les autres chaînes négocient à la baisse leurs obligations. Par exemple, les investissements de TF1 vont passer de 16 % du chiffre d'affaires net à 12,5 %[1] ; quant au groupe Orange, il a inventé un système à travers lequel les investissements dans la production se font en fonction du nombre de ses abonnés. Astucieux, original et économiquement juste. Pourquoi, à l'image d'Orange, n'a-t-on pas cherché une voie nouvelle pour clarifier les relations entre France Télévisions et la filière de production ? Dans un souci de responsabilité, d'engagement, et de prise de risques partagée, pourquoi n'a-t-on pas conçu un intéressement à l'audience, ou un intéressement au rayonnement international des œuvres ?

En janvier 2000, un rapport pour le Commissariat général du Plan notait déjà : « Défendre de manière radicale et protectionniste la culture française signe une maladresse (...). Une vision trop hexagonale dans

1. Accord entre TF1 et la filière audiovisuelle (SACD, SCAM, SPFA, USPA), 22 octobre 2008.

laquelle le partage entre la défense de lobbies professionnels et l'intention légitime de protéger une culture et un patrimoine n'est pas toujours clair, peut paraître vieillotte, dépassée, voire inacceptable, pour de nouvelles générations (...). Les dispositifs réglementaires, établis il y a quinze ans pour alimenter les chaînes nationales en programmes français, méritent d'être repensés (...) ». Parmi les mesures proposées par le document de deux cents pages figurait en particulier celle-ci. Il faut « à échéance rapide prendre des mesures pour placer l'industrie de programmes dans une perspective plus dynamique et plus commerciale pour affronter les nouveaux marchés[1] ».

1. « Médias : promouvoir la diversité culturelle », Monique Dagnaud, Marie Bonnet et Sylvie Depondt, janvier 2000.

Ultimes espoirs

Le Paquebot présente des avaries. Chacun des passagers, du technicien au cadre, se cramponne au bastingage. Certains sont déjà à la recherche des canots de survie. D'autres ont enfilé les gilets de sauvetage. L'énergie semble faire défaut.

Avec l'arrêt programmé de la publicité entre 20 heures et 6 heures, les responsables des programmes de France Télévisions se sont trouvés face à un défi à la rentrée 2008-2009 : imaginer pour la tranche 18 heures-20 heures des émissions fédératrices pouvant attirer un maximum d'annonceurs. Le travail a été mené dans l'inquiétude du lendemain et avec frénésie face à l'impérieuse nécessité de la réussite. Combien de fois les meilleurs sportifs nous l'ont ils démontré : des années de travail, des résultats prometteurs et, le jour venu, sous l'effet de la pression, le flop retentissant !

L'animateur et producteur Thierry Ardisson s'est exprimé sur la question : « Il y a une perte de savoir-faire. La télévision, c'est un travail, c'est un métier, c'est un savoir-faire, ça s'apprend et là, j'ai l'impression qu'ils ne savent pas le faire. En France, tout le monde est réalisateur, tout le monde écrit des livres, tout le monde s'improvise producteur de télévision. Un moment donné, il faut expliquer aux gens qu'un chirurgien, il connaît son métier, qu'un dentiste, il connaît son métier. Animateur, vous pouvez être très talentueux, avoir une personnalité. Prenez le cas de Courbet. Il a quitté TF1 pour aller faire du M6 sur France 2. C'est une erreur dramatique. Ce n'est pas ça, le service public. Le service public, ce n'est pas d'apprendre aux gens à faire des colliers avec des nouilles, des plumiers avec des bouteilles de Contrexéville. Ça, c'est du service aux gens, c'est pour M6, et en plus à 11 heures du matin. Et pour en finir avec le service public, ceux qui choisissent les émissions, ils ne savent pas ce qu'ils doivent faire. On n'a jamais dit ce qu'est le service public. Comment voulez-vous qu'ils choisissent s'ils n'ont pas de commandements ? Le cahier des charges fixe des heures et des volumes d'heures, mais on n'a jamais défini les dix commandements du service public[1]. »

La rentrée 2008 de France Télévisions fut notamment cela : Julien Courbet pour un ersatz de « Sans aucun doute », programme phare de TF1. Muriel Rosé, la grande prêtresse du documentaire de France 3, pour une série de films sur le thème des sept péchés capitaux, ersatz culturellement correct d'une émission de TF1. Patrick Sabatier à France 2 pour un ersatz de son vieux concept « Avis de recherche ». Nathalie Vincent encore à France 2 pour un ersatz de « Porte-bonheur » qui avait fait le succès de TF1... il y a vingt-cinq ans. Quelle curieuse idée d'être allé chercher du côté de TF1 des recettes qui étaient des garanties de succès il y a quelques années et dont même la première chaîne ne veut plus aujourd'hui !

1. Direct 8, 22 octobre 2008.

Le sociologue Dominique Wolton commente : « La télévision généraliste n'a pas su assez renouveler ses genres. Son corporatisme a freiné son adaptation à la modernité. La mutation des programmes a été moins rapide que l'évolution de la culture audiovisuelle des téléspectateurs. La télévision publique devrait ouvrir des ateliers de création pour inciter les jeunes qui aiment l'image à inventer de nouvelles formes d'écriture. Si les chaînes font cet investissement sur l'intelligence des publics, je prends le pari que leur audience va remonter dans cinq ou dix ans[1]*. »*

Parfois la télévision donne le sentiment d'être un sex-toy dont chacun se sert pour son plaisir solitaire. Quant à la profusion d'images et de supports, elle prend à certains moments des allures d'orgie. Avec la disparition de la contrainte commerciale, le service public assure qu'il va marquer sa différence. C'est écrit dans le nouveau cahier des charges et cela a été affirmé par la direction de France Télévisions qui veut « accentuer la différence de son offre par rapport à celle de la télévision commerciale[2] *». Pourtant au moment de ces engagements, France 2 lançait une émission de paris sportifs*[3]*.*

Au-delà de cette incohérence, « accentuer la différence », est-ce suffisant ? Le groupe France Télévisions ne doit-il pas se démarquer encore plus en cessant de rechercher le plaisir du public pour susciter le désir ? Désir de

1. Interview dans *Télérama*, 19 juin 2008.
2. Communiqué de la direction de France Télévisions aux salariés, 12 novembre 2008.
3. Annonce dans le magazine d'information hebdomadaire de France 2, 12 novembre 2008.

connaissances, désir de découvertes, désir de rencontres. Ajoutons une pensée de Jacques Chancel : « Il ne faut pas donner aux gens ce qu'ils aiment, mais ce qu'ils pourraient éventuellement un jour aimer. » La télévision publique doit être une télévision du désir. Faire jaillir le désir. Rien de plus, rien de moins.

« C dans l'air », « Vu du ciel », une soirée consacrée à Anne Frank, « Rendez-vous en terre inconnue », « Allô, docteurs ! », Bruel racontant Brel en programmes courts sont autant d'émissions de France Télévisions qui répondent à ces nobles desseins en réussissant à conjuguer attractivité et intelligence. Mais, à l'inverse, que faisaient « Hanouna Plage », « Made in Palmade », « Le 4e duel » et tant d'autres programmes sur le service public ? Entre les deux extrêmes, il y a les émissions qui cherchent la profondeur, mais qui tentent de la concilier avec le divertissement. France 3 a offert une belle illustration de cet impossible grand écart en lançant le 5 octobre 2008 une émission de psychologie : « Le mieux c'est d'en parler ». Malheureusement, au lieu d'aborder des questions de fond et de prendre le risque de la parole prolongée, le pédopsychiatre Marcel Rufo se voit contraint d'apporter des réponses rapides et caricaturales à des téléspectateurs en souffrance dans leur vie.

L'invention de l'imprimerie par Gutenberg a révolutionné l'écriture. La photographique numérique a réinventé la photographie. À chaque innovation le monde a peur. Mais à chaque fois de grandes et belles choses naissent. Pourquoi aujourd'hui les nouveaux supports de l'image ne seraient-ils pas l'occasion de réinventer le langage des contenus, l'arithmétique des budgets, la dialectique des œuvres ? La banalisation de la fabrication proposée par les nouveaux outils techniques et la simplification de la diffusion nécessitent plus que jamais de donner de la profondeur à chaque œuvre et la valeur d'événement à chaque création. Si de surcroît, pour chaque projet audiovisuel, le producteur, le réalisateur, l'animateur étaient tenus de rédiger une note d'intention pour répondre à cette seule, unique et essentielle question : « À quoi cela sert-il de produire cette émission ? », la télévision publique serait engagée sur un nouveau chemin.

Toutes les musiques, toutes les peintures, tous les théâtres, toutes les danses, toutes les sculptures, toutes les installations, toutes les performances, tous les artisanats, toutes les architectures, tous les cinémas, tous les arts de la rue, tous les cirques, tous les documentaires, tous les livres, toutes les pensées politiques, scientifiques, économiques, psychologiques, historiques, sociologiques, juridiques, littéraires, théologiques, voilà les paris pour demain.

Confronter le public à son altérité est nécessaire. Faire le pari de sa capacité à se laisser émouvoir, surprendre, enthousiasmer, subjuguer est noble. Miser sur l'intelligence humaine est vital. Voilà du travail pour plusieurs vies.

Reste à savoir comment susciter le désir, loin de la double tentation du nivellement par le bas et de l'élitisme. Producteurs, réalisateurs, auteurs, responsables de programmes, à vos stylos ! Explorer toutes les formes, tous les formats, toutes les écritures audiovisuelles, s'appuyer sur les nouvelles cultures de l'image, inventer de nouveaux rythmes de diffusion, imaginer des techniques d'accompagnement du téléspectateur, faire rimer respect et considération du téléspectateur avec contenus inventifs...

Et quand donc le groupe France Télévisions se décidera-t-il à être résolument participatif ? Les amateurs de musiques ont montré un nouveau chemin. D'abord, au nom de la liberté, ils se sont mis au piratage, l'écoute numérique s'est développée ; maintenant c'est le public qui produit. À l'automne 2008, le chanteur Grégoire est devenu Disque d'Or avec son album Toi + Moi, produit par les internautes. Les grandes maisons de disques ont perdu le pouvoir parce que d'abord elles n'ont pas anticipé ces évolutions et qu'ensuite elles ont fait de la résistance au changement.

Si la télévision publique tire les enseignements de ce qu'a vécu le monde de la musique, elle peut devenir un modèle original où les Français sont placés au centre. La technique permet à chacun d'apporter sa contribution à la réalisation et à la programmation depuis son salon, avec sa télécommande ou son ordinateur. Évidemment, pour cela, il faut cesser de vouloir garder le pouvoir pour soi, pour laisser libre cours à un désir partagé.

Des téléspectateurs oubliés

Le service public à bout de souffle ?

Le 6 octobre 2008, au sixième étage du paquebot France Télévisions à Paris... Comme tous les jours, entre 9 h 09 et 9 h 13, avec une précision presque suisse, le service des études diffuse les résultats d'audience. La catastrophe du week-end est pour le samedi soir sur France 2. Une émission spéciale, dédiée à la nouvelle formule du Loto, a fait un bide : 8,7 % d'audience. Les téléspectateurs ont dit non à un divertissement dont ils se demandaient sans doute ce qu'il faisait sur le service public. Et pour cause, « c'était un deal annonceur. La Française des Jeux avait produit le programme [1] ». Les invités Anne Roumanoff, Laurent Gerra et Franck Dubosc auraient touché 30 000 euros chacun [2].

Plus généralement, beaucoup de nouveaux programmes de la rentrée de France Télévisions sont à la peine, tout particulièrement autour de 19 heures. À

---

1. Déclaration de Nicolas Pernikoff, directeur des divertissements de France 2, dans l'émission « Plus clair » de Canal Plus le 25 octobre 2008.

2. *Télé 7 jours*, 16 octobre 2008.

France 2, Christophe Hondelatte a connu une descente aux enfers dès les premières semaines, Julien Courbet s'est fait dépasser par M6 et damer le pion par Canal Plus. La productrice Alexia Laroche-Joubert a ramé d'emblée sur France 2 avec la générosité populiste de son émission « Une surprise peut en cacher une autre ». À France 5, Thomas Hugues avec son émission « Médias, le magazine » accueillait à ses débuts deux fois moins de spectateurs que le magazine de Canal Plus sur la même thématique. À France 5 encore, l'émission littéraire en prime time, « La grande librairie », n'était toujours qu'à 1 % d'audience au bout de quelques semaines.

À partir du 27 octobre 2008, les tarifs publicitaires pour l'access prime time ont dû être revus à la baisse sur France 2 tant les annonceurs fuyaient en raison de la mauvaise audience des émissions de ce carrefour horaire essentiel. 40 % de réduction pour qui était prêt à placer de la publicité avant le « Service maximum » de Julien Courbet. Et un rabais encore plus important avant le magazine culturel de Christophe Hondelatte. Le 17 novembre 2008, France 2 a fini par diffuser un communiqué annonçant l'arrêt de l'émission. Dans la foulée, exit aussi « Une surprise peut en cacher une autre ». C'est l'aveu à peine voilé de l'échec retentissant des émissions qui devaient « cartonner » dans la case stratégique de l'access prime time.

Après, comme toujours à la télévision, il a fallu trouver des coupables. Christophe Hondelatte a expliqué : « Avec cinq fois moins d'argent par émission que "Le Grand Journal" de Canal Plus on ne peut pas faire plus d'audience. » Réaction le jour même du producteur du « Grand Journal », Renaud Le Van Kim : « Ramené au coût horaire, nous avons très exactement le même budget que celui qu'avait Hondelatte pour "Vendredi si ça me dit". À 1 000 euros près, nous sommes exactement dans les mêmes sommes. »

On le sait, le manque de moyens est l'excuse récurrente de tous ceux qui dans l'audiovisuel public sont face à une difficulté. Et puisque décidément la télévision publique semble à bout de souffle, en voici une autre illustration. En 2003, après douze ans, France 2 met un terme à la diffusion d'une de ses émissions phares, « Pyramide ». Le concept part alors outre-Atlantique et devient « Password ». Il est revenu sur France 2 en janvier, adapté par la société de production privée Fremantle pour remplacer « Panique dans l'oreillette », que les télévisions étrangères s'arrachent, mais qui est relégué en deuxième partie de soirée par le service public.

Voilà donc une fois de plus la joyeuse vie de la télévision : on fait, on défait, on investit, on gâche, et c'est reparti pour un tour. Il fallait être à tout le moins naïf pour imaginer qu'une émission culturelle, proposée dans un faux habillage kitch, servie par une flopée de chroniqueurs sans coffre, allait pouvoir concurrencer l'excellent « Grand Journal » de la bande à Michel Denisot. Il fallait être bien déconnecté du monde pour penser qu'après une dure journée de travail les Français étaient prêts à s'installer devant un programme leur affirmant que vu l'état de leurs finances on avait trouvé des combines pour eux. Il fallait être bien dédaigneux à l'égard des millions de bénévoles dévoués dans des associations françaises pour songer que quelques surprises à 2 euros dans des boîtes en carton allaient créer une chaîne de solidarité.

Le temps du désamour ?

En 1998, les chaînes publiques étaient les plus regardées. Elles totalisaient 41,4 % de l'audience. En dix ans, France Télévisions a perdu plus de 18 % de son audience. Cette évolution s'est accélérée en 2008 et devrait s'aggraver. En 2012, TF1 resterait la chaîne leader, tandis que France Télévisions verrait son audience encore baisser de neuf points. Les chaînes de la TNT pour leur part obtiendraient deux fois et demie plus d'audience qu'aujourd'hui [1]. Yannick Bolloré, directeur des programmes de Direct 8, prédit même que « d'ici à 2011 les chaînes de la TNT vont devenir le premier canal de France, devant TF1 [2] ».

Les types d'accès aux programmes de télévision se diversifient. En juin 2008, 8 millions de foyers avaient accès à la TNT, en progression de 18 % par rapport à la même période de 2007. 3,69 millions de foyers étaient abonnés au satellite. 3,35 millions de foyers ont l'ADSL, en progression de 36 %. Enfin, 1,5 million de foyers étaient câblés en numérique [3].

---

1. Prévisions du bureau d'études Oddo Securities, octobre 2008.
2. Déclaration dans l'émission « Médias, le magazine » de France 5, 2 novembre 2008.
3. Sources : NPA Conseil, octobre 2008.

« Les enfants de la télé sont devenus les enfants d'Internet. Nous sommes la dernière génération pour qui la télévision a eu de l'importance. Il y a dix ou vingt ans, quand les gens arrivaient à leur travail, ils parlaient de l'émission que la plupart d'entre eux avaient vue la veille : "Les dossiers de l'écran", "Apostrophes", "Les enfants du rock"... Maintenant, si tu en trouves un qui a jeté un œil sur "Koh-Lanta" ou sur "L'île de la tentation", tu as de la chance. La différence aussi, c'est la façon dont ils en parlent. On dirait qu'ils méprisent ce qu'ils ont regardé et qu'ils se méprisent de l'avoir regardé. » L'analyse est de Patrick Poivre d'Arvor[1]. Bien sûr, l'ex-star du 20 heures de TF1 est comme tous ceux qui pensent que le monde va s'arrêter de tourner après eux, pourtant ce qu'il dit n'est pas faux.

Les Français regardent moins les télévisions dites historiques, comme TF1, France 2 et France 3. La durée moyenne d'écoute de ces chaînes est passée de 2 h 58 à 2 h 40 par jour entre le premier semestre 2007 et la même période de 2008. Pour la même période, la durée d'écoute des chaînes de la TNT a plus que doublé, passant de 10 à 21 minutes par jour[2].

Face aux nouveaux venus, les chaînes historiques apparaissent de plus en plus vieillottes. Par ailleurs, les Français consacrent une part croissante de leur temps média à Internet, à la vidéo, au mobile et aux jeux vidéo. Les détenteurs de boîtes ADSL sont des surconsommateurs multimédias passant de la télévision

1. *VSD*, 20 août 2008.
2. Étude de l'institut Médiamétrie, 20 août 2008.

à Internet sans oublier la radio, quand ils n'utilisent pas plusieurs médias simultanément. Mathématiquement, si France Télévisions, avec un budget constant, attire moins de public et si elle est regardée moins longtemps chaque jour, cela signifie que l'audiovisuel public coûte de plus en plus cher aux Français. « Expliquez-moi pourquoi en cinq ans l'audience a baissé alors que cela coûte plus cher ? » interroge un manager. Problème : cette lucidité ne vient pas d'un dirigeant de France Télévisions mais de Laurent Storch, directeur des programmes de TF1 [1].

Les mauvaises notes de la télévision publique

Les experts des médias prédisaient depuis des années la révolution des médias. Au début de l'année 2007, France Télévisions a fini par confier une étude à un cabinet spécialisé afin de connaître l'impact des « autres télés » sur les comportements des téléspectateurs et de dégager des opportunités d'avenir pour l'audiovisuel public [2].

Malgré l'accès à l'offre élargie par la TNT, les téléspectateurs n'ont pas encore réussi à se départir de leur dépendance à l'égard de TF1. Ils reconnaissent à cette chaîne une politique de rotation des programmes dynamique, la valeur d'un catalogue de fictions fédératrices qui mobilisent les moins de 35 ans

---

1. *Le Monde*, 12 septembre 2008.
2. Cabinet Marketing Séquence, « Impact des autres télés sur les comportements des téléspectateurs – conséquences et opportunités pour France Télévisions », 2007.

et un catalogue d'animateurs emblématiques. Autres atouts attribués à TF1 : un savoir-faire en communication, une prime à la programmation familiale, un savoir-faire en dramatisation événementielle et en réactivité. Les critiques sont faibles, si ce n'est une dimension par trop conservatrice. Pour M6, les personnes de 45 à 65 ans considèrent que la chaîne est incontournable. Elles déclarent la regarder de plus en plus, eu égard à la diversité de ses programmes, mais surtout en raison de sa créativité. Une créativité qui, selon les personnes interrogées, se situe dans les registres de la prise de risque, du contact sur le monde. Enfin, le public a observé à quel point la programmation est changée dès que quelque chose ne fonctionne pas. Les bémols concernent la jeunesse des présentateurs et les excès du coaching qui renvoient à « une dimension immature ».

Au sein du service public, France 5 est la mieux notée. Une grille de programmes riche et variée, la transmission de savoir-faire, l'ouverture des esprits, une belle capacité à stimuler le désir, des thématiques contemporaines. Ensuite, les choses se gâtent. Pour France 2, le regard du public est « tendre et respectueux », mais un sentiment d'appauvrissement des programmes, un manque d'innovation et de créativité, peu de dynamisme, une insensibilité aux nouvelles aspirations des téléspectateurs. Des témoignages sont assassins : « La chaîne n'est pas évolutive, si ça se trouve, elle veut rester comme ça, elle est un peu frileuse, statique. » Pour ce qui est de France 3, le statut régional est recherché. La chaîne bénéficie du courant de recentrage sur l'échelon local et du réinvestissement sur les chaînes d'appartenance territoriale. Cependant, les téléspectateurs déplorent, comme pour France 2, le manque de renouvellement des animateurs et des émissions ainsi que le manque d'ambition.

À partir de ces constats, les auteurs du rapport ont adressé une série de recommandations à France Télévisions : « Si la proximité reste une caractéristique bien identifiée de France 3, il apparaît aussi que France 5 et M6 viennent de plus en plus sur ce territoire avec des émissions qui en audience et en image sont de plus en plus plébiscitées. La proximité de France 3 ne doit pas uniquement être liée à l'information régionale de la chaîne. La circulation des programmes de France 2 vers France 4 est perçue comme une manière de vider le stock. La circulation des animateurs au sein du service public n'aide pas à clarifier l'image des chaînes et limite l'émergence de nouvelles têtes alors que la communication des nouvelles chaînes passe par la personnalisation des antennes. »

En réponse, France Télévisions a continué à réduire la place des programmes régionaux de France 3 et à déverser vers la 4 les programmes de la 2 qui n'ont pas trouvé leur public et à faire circuler ses animateurs et journalistes d'une chaîne à l'autre. Songez à Marie Drucker qui est passée de France 3 à France 2 tout en continuant à intervenir ponctuellement sur la 3. Songez à Christophe Hondelatte qui présente des magazines sur France 2 et anime des émissions de variétés sur France 3. France Télévisions aura donc réussi la prouesse de réaliser une onéreuse étude pour faire, avec rigueur et méthode, exactement l'inverse des préconisations.

Producteur notamment de « C dans l'air » avec Yves Calvi sur France 5, créateur de France Info et de LCI, ancien patron d'Europe 1, Jérôme Bellay analyse : « Les décideurs ne savent plus quoi faire. On va trop vite, on part dans tous les sens. On perd un peu la boule. (...) On vit dans un pays de diversité sociale et d'immigration mais on oublie souvent le public. Quand les cultures multicolores ont besoin de se fondre, il faut élever le niveau des programmes. Or tout est fait pour baisser le niveau en donnant l'impression que le public ne veut pas se prendre la tête. Il faut donner du contenu, de la connaissance, sans dire que c'est de la culture, le mot est un épouvantail : ça fait "cultureux" et alors ça se plante. (...) Quelqu'un qui démarre (...) dans l'audiovisuel se retrouve présentateur deux ans plus tard. On donne le poste à quelqu'un de bien roulé, qui a une belle gueule, un statut de star. Tout pour la forme, rien pour le fond ! Où est la crédibilité ? La culture, le background, la maturité doivent rester essentiels [1]. »

Des animateurs démodés

L'appréciation du public sur les animateurs et les journalistes n'offre pas un tableau idyllique non plus. Jean-Luc Reichmann de TF1 apparaît comme le plus sympathique et le plus chaleureux, dynamique, drôle, auprès de toutes les classes d'âges. Plébiscitée au même niveau, Valérie Damidot, la prêtresse de la décoration sur M6. Elle est simple, vraie, incarne la bonne copine. L'enquête révèle d'ailleurs la montée en puissance des femmes. Derrière Valérie Damidot et Virginie Efira, qui est passée de M6 à Canal Plus

1. *Le Parisien/Aujourd'hui en France*, 24 novembre 2008.

à la rentrée 2008, pointe Karine Le Marchand de France 5. Jugée chaleureuse, elle est celle dont les Français se sentent le plus proches. Mais en dehors d'elle, il n'y a que 7 noms du service public dans le panel des 35 animateurs retenus pour l'étude. L'image des dinosaures de l'audiovisuel public est écornée. Michel Drucker, toujours aussi sympathique, est jugé de plus en plus « démodé ». Même sort pour Patrick Sébastien[1].

Où est passé le service public ?

Sale temps pour France Télévisions. Les chaînes de la TNT, non conformistes, audacieuses, se rapprochent du surf sur Internet par la diversité de leurs contenus et la multitude des possibilités qu'elles offrent. Le contrat d'écoute s'inscrit dans l'air du temps, selon les envies et les humeurs. Demain, les chaînes historiques ne se regarderont plus que ponctuellement en famille par exemple pour les infos ou de l'événementiel, alors que, le reste du temps, chacun sera concentré sur son propre écran, lecteur DVD, ordinateur ou téléphone portable.

Toutes les grandes chaînes sont touchées, toutes ont réagi. La lourdeur de l'audiovisuel public, la présence de dirigeants issus pour beaucoup d'une époque où la télévision ne connaissait ni environnement concurrentiel fort ni révolution technologique, la difficulté de tenir une ligne sont quelques-unes des raisons du manque de réactivité, et cela bien plus que le manque de moyens financiers éternellement invoqué.

---

1. Enquête annuelle Animat réalisée par OMG et publiée par *Stratégies* en avril 2008.

Lorsque la télévision publique est née, elle constituait pour les Français la seule source d'images à domicile. Les premières définitions de ces missions de service public datent des années 1970. En 1983 a ensuite eu lieu la première concession de service public à Canal Plus. Depuis, les télévisions privées se sont multipliées et la France compte aujourd'hui 250 chaînes – dans toute l'Union européenne, on en dénombre 6 500. Ces télévisions sont tout à la fois complétées et concurrencées par les innombrables webtélés et les sites de partage de vidéos d'Internet.

Vingt-cinq millions d'internautes en France, près de 2,5 milliards de vidéos vues chaque mois par les Français ; 2 millions de Français actifs sur le réseau social Facebook, 9 millions de Français blogueurs.

Le web multiplie ses fonctions dans la vie quotidienne : faire ses achats sans se déplacer, être son propre programmateur vidéo, retrouver un camarade ou des relations professionnelles. L'encyclopédie française Wikipédia est constituée de 680 000 articles, fruits de 30 000 contributeurs, etc.

S'ajoute l'Internet mobile, sur le téléphone portable. Il comptait, début 2008, 11 millions d'adeptes en France. Le mobile, qui hier assurait du lien, permet maintenant de rester branché sur le monde. Le budget mensuel des ménages français consacré aux technologies d'information et de communication (téléphonie mobile, fixe, accès Internet, musique, vidéo) va passer de 113 euros actuellement à 122 euros en 2011 [1]. Les ventes mondiales de téléchargement de vidéos vont tripler dans le même

1. Étude de l'Idate, Consulting and Research, juin 2008.

temps[1]. Dix millions de personnes en France ont déjà regardé une vidéo « dématérialisée », c'est-à-dire non fixée sur un support mais diffusée en streaming sur Internet ou obtenue par téléchargement[2]. D'ici à 2012, tous les Français auront l'Internet haut débit. Et si les Français semblent prêts à consacrer plus d'argent à leurs contenus, cette consommation s'appuie maintenant sur un désir personnel et non plus sur une « vente forcée » comme l'est la redevance.

Autre évolution, sociétale celle-là, chaque organisme, public ou privé, et chaque individu a, ou pense avoir, quelque chose à dire, à montrer, à partager. L'évolution des techniques, la réduction des coûts, la facilité de mise en œuvre favorisent le phénomène. Par exemple, la version 2008 du logiciel iMovie d'Apple transforme le montage et la diffusion d'images vidéo en jeu d'enfant. De plus, en quelques étapes simples avec ce logiciel et d'autres, l'utilisateur peut présenter ses films sur son site web, les publier sur YouTube et en créer des versions pour iPod.

« Vidé de son contenu opérationnel »

France Télévisions n'a pas réussi à s'inscrire dans la révolution des médias pour affirmer un rôle et des missions spécifiques. En janvier 2000, un rapport sénatorial concluait : « Le service public s'est vidé progressivement de son contenu opérationnel[3]. »

1. Étude cabinet Adams Media Research, juin 2008.
2. Étude Médiamétrie/NPA, juin 2008.
3. Rapport d'information au Sénat de Claude Belot, « Le financement de l'audiovisuel public »,18 janvier 2000.

Le Conseil supérieur de l'audiovisuel a apporté un complément dans une étude de 2008 : « La complémentarité éditoriale des chaînes n'est pas garantie par leur positionnement et leur fonctionnement actuels. L'organisation des grilles et l'offre de contenus sont parfois redondantes. Les spécificités de la programmation ne sont pas lisibles, ce qui peut renforcer dans l'esprit du public une perception floue de l'identité de chacune des chaînes. France 2 comme France 3 peinent à imposer des contenus réguliers relatifs aux sciences, diffusent généralement tardivement des représentations dramatiques, lyriques et chorégraphiques. » Pour France 4, le CSA souhaite que soit examinée la possibilité de mieux identifier l'offre destinée aux adolescents et de l'étoffer par un « renforcement de la spécificité culturelle et de la capacité d'innovation et d'éclectisme ». Le CSA affirme aussi que les nouveaux supports de communication n'ont pas été assez utilisés par France 5 et que son rôle dans l'éducation à l'image et aux médias mériterait d'être appuyé. Pour France 2, « le caractère inédit, exclusif et événementiel de son offre devrait être souligné afin d'en faire la vitrine de France Télévisions » et se traduire par « une action particulièrement ambitieuse en faveur de la création audiovisuelle et cinématographique ». La conclusion est sans appel : « Vieillissement du public, insuffisante perception des spécificités de chaque chaîne, cadre législatif et réglementaire dépassé [1] ».

Dans la foulée, France Télévisions a lancé, le 30 juillet 2008, une campagne d'autopromotion sur

1. Rapport du Conseil supérieur de l'audiovisuel sur « la ligne éditoriale des différentes chaînes de France Télévisions », juin 2008.

ses antennes avec pour slogan : « France Télévisions, le choix de la différence ». Vingt et un clips ont été fabriqués pour mettre en avant ce que le service public considère comme le meilleur de sa production. La direction a affirmé que le message était destiné à « l'opinion bombardée de déclarations fantaisistes ». Comment ne pas y voir une manière de se convaincre soi-même de sa singularité en l'affirmant selon le principe de la méthode Coué ? Comment ne pas y voir une réponse au président de la République qui, un mois plus tôt, jour pour jour, avait lancé sur France 3 : « Les programmes de France Télévisions ressemblent encore trop aux programmes d'une chaîne privée » ? Les dirigeants de France Télévisions ont-ils pris l'antenne en otage pour régler leurs comptes avec Nicolas Sarkozy ? Ont-ils essayé de s'attirer les bonnes grâces des téléspectateurs pour s'en servir comme de boucliers humains face à l'Élysée ?

Le public apprend à se passer de France Télévisions

L'audiovisuel public a laissé filer une série de secteurs qui lui étaient tout naturellement dédiés. Du coup, des acteurs privés, mais aussi des structures publiques, se sont engouffrés dans les créneaux laissés vacants. À l'échelle de l'Europe, beaucoup de chaînes privées remplissent aujourd'hui des missions que l'on a longtemps crues réservées au service public : 135 chaînes spécialisées dans les documentaires, 69 dans la culture, 324 dans le sport, 189 dans les programmes jeunesse, 201 dans l'économie, etc[1]. Tout y est.

1. Étude de l'Observatoire européen de l'audiovisuel sur les marchés européens de la télévision dans 29 pays, octobre 2008.

Il y a aussi les webtélés des collectivités pour la médiatisation directe des territoires, au point que certains prédisent que toutes les collectivités vont finir par disposer d'une webtélé. Un élu de la région Rhône-Alpes commente : « Un jour, on en a eu assez de demander à France 3 de couvrir des événements régionaux et de ne voir venir les équipes du service public que rarement. »

Dans la foulée de PRTV, la webtélé de la présidence de la République, plusieurs ministres ont lancé leur webtélé : Luc Chatel, Michel Barnier, Bernard Kouchner. Bientôt, ce sera Terre d'infos TV, une chaîne consacrée au monde agricole créée par l'Assemblée permanente des chambres d'agriculture[1]. À l'automne 2008, un appel d'offres a aussi été lancé pour créer la webtélé gouvernementale.

Et déjà la télévision mobile personnelle se présente à l'horizon avec un potentiel de 5,7 à 8,5 millions d'utilisateurs fin 2012[2]. Par exemple, Europacorp TV, du réalisateur et producteur Luc Besson, va offrir des programmes exclusivement dédiés au cinéma, à la détection de nouveaux talents et à la valorisation de nouvelles écritures audiovisuelles. Commentaire de Luc Besson : « En France, il y a 55 millions de téléphones portables, ce sont autant de caméras dont on peut se servir pour devenir créateur[3]. » Alors a-t-on encore besoin de la télévision publique pour promouvoir le cinéma ? Avec les offres d'Orange dédiées aux

1. Accord du CSA, 23 septembre 2008.

2. Sources : NPA, octobre 2008.

3. Audition devant le Conseil supérieur de l'audiovisuel, 14 avril 2008.

sports et au cinéma, France Télévisions pourra bientôt ranger aux oubliettes son slogan « le plus grand terrain de sports » et son autre slogan de « premier partenaire de la création ».

France 2 a aussi perdu sa position unique et privilégiée de seule chaîne de télévision proposant une émission politique régulière en prime time, en l'occurrence « À vous de juger ». Depuis le 2 juin 2008, Orange et *Le Figaro* offrent une interview politique quotidienne d'une dizaine de minutes, « Le Talk », en direct sur mobile, mais aussi sur les sites Internet de l'opérateur et du quotidien. Et ne parlons pas de BFM TV, de Public Sénat ou de La Chaîne parlementaire qui surfent sur le même créneau.

Dernier exemple : France 5 a orchestré une programmation spécifique au cours de l'été 2008 avec l'invitation « Mettez-vous au vert » et la diffusion de vingt documentaires sur l'écologie et le développement durable. Même si personne ne peut nier que la chaîne s'intéresse depuis longtemps à ces questions, il faut reconnaître que là aussi le groupe public s'est fait dépasser par le secteur privé. Terre.tv, une webtélé entièrement dédiée au développement durable a été lancée en février 2007, et, au printemps 2008, TF1 et Orange ont chacun ouvert des portails consacrés à ces préoccupations. Enfin, là où la presse écrite n'a pas hésité à marcher, sans états d'âme, sur les plates-bandes de la télévision en offrant sur ses sites Internet des reportages audio ou vidéo, France Télévisions ne s'est pas diversifiée de manière forte dans le son ou l'écrit.

Aujourd'hui, le public peut se constituer son propre bouquet de chaînes publiques sans avoir besoin de France Télévisions. Le tout, soit gratuitement, soit en achetant uniquement ce qui l'intéresse. De plus, la télévision publique apparaît en décalage avec le monde dans lequel elle vit en continuant à offrir l'égalité d'accès aux mêmes programmes sans donner au public suffisamment d'outils pour réagir, se mobiliser, dialoguer, participer. L'ère du participatif, tant en vogue dans les médias modernes, en est encore à ses débuts à France Télévisions.

Lorsque le privé donne la leçon au public

29 juillet 2008. Le coche d'eau *Mille Sabords* navigue sur le Vieux Port de Marseille. Il parcourt les 283 mètres de la ligne mythique qui relie la place aux Huiles à l'hôtel de ville. Des histoires singulières jaillissent sous la caméra de Daniel Ravoux. Il y a foule autour de l'équipe technique pour ce premier jour de tournage d'une aventure qui passionne les Marseillais. Au départ, la conviction d'Antoine Disle, président-producteur de Striana Productions : « Il faut faire du buzz en faisant entrechoquer les médias. Nous sommes tous devenus des utilisateurs de différentes sources d'images, mais nous ne nous contentons plus d'être des consommateurs, nous sommes désireux soit de participer à la création des contenus, soit de les trouver sur différents supports, soit de les programmer à notre guise. On fait son marché, on achète éventuellement certains ingrédients et on fait sa cuisine télévisuelle. »

Antoine Disle avait commencé par lancer un appel dans le journal *La Provence* qui invitait les lecteurs à imaginer un scénario mettant en scène le célèbre ferry-boat du Vieux Port de Marseille. Il s'était retrouvé avec 357 histoires. Douze récits avaient été sélectionnés et leurs auteurs avaient participé à un atelier d'écriture en compagnie de professionnels de la fiction afin d'élaborer des scénarios. Le tout après avoir signé des contrats en bonne et due forme incluant une rémunération et des droits.

Les douze fictions de quatre minutes chacune ont été mises en ligne en octobre, en avant-première sur les sites Internet de *La Provence*, d'Allô Ciné et de La Chaîne Marseille avant d'être proposées sur l'antenne de cette télévision locale. Au préalable, douze autres modules de trois minutes, racontant l'histoire du ferry-boat, ont été diffusés sur le site web du journal, mais aussi sur celui de la radio locale de France Bleu. Deux romans-photos avec les acteurs de la série TV ont également été publiés dans *Marseille Plus*. Quant à la Caisse d'Épargne, partenaire financier, elle a orchestré une promotion à destination de sa clientèle. Enfin, pour prolonger la vie des douze fictions, une version longue a été montée.

Cette opération est emblématique : le public a été mis au centre d'un contenu destiné à tous les médias. Et qui oserait dire que ces contenus ne s'inscrivent pas, par leur dimension patrimoniale, dans ce que l'on peut attendre du service public ? Pourtant, France 3 Méditerranée n'a même pas été contactée. Antoine Disle a préféré se tourner vers des partenaires privés, réactifs, volontaires. Au moment de la diffusion des programmes, tout à sa joie d'avoir réussi cette aventure dans des délais rapides et en initiant un nouveau modèle économique associant le Centre national de la cinématographie et des partenaires privés, le patron de Striana Productions faisait état de nouveaux contacts pour développer le concept ailleurs avec *Nice Matin*, *Corse Matin*, *Sud-Ouest* et *Ouest France*.

Dans un même souci participatif, Arte a intégré dans son portail web estival 2008 la possibilité pour les internautes de tchater pendant les spectacles, de poster vidéos et photos, d'envoyer facilement le programme ou l'extrait à un ami. On pouvait même créer sa play-list et s'essayer à la programmation d'un festival virtuel. La participation peut aussi prendre des formes financières. L'expérience montre que le public est prêt à payer pour ce qu'il aime, pour ce qu'il veut défendre et encourager. La chaîne confessionnelle KTO a opté en 2008 pour un modèle économique, majoritairement basé sur l'appel aux dons. Cent quarante mille personnes ont offert plus de 4 millions d'euros pour couvrir 75 % du budget de fonctionnement.

Le public a pris le contrôle. La notion classique de chaîne de télévision en tant qu'assembleur de programmes, maître de l'horloge et de la diffusion devient obsolète. Un jour, se passera-t-on des professionnels du service public parce qu'ils n'auront pas réussi à accompagner les mutations du monde ?

Le chemin de croix de l'innovation

Surtout ne rien changer

Le 18 décembre 2007, Patrick de Carolis inaugure l'Université France Télévisions. Belle opération de communication. Il est à son aise, comme chaque fois qu'il s'exprime en public. Il aime cet exercice, « un pied en vitrine, l'autre derrière le comptoir », selon sa propre expression. L'Université France Télévisions s'inscrit dans le projet de développement stratégique du groupe public. Elle doit être un point de passage pour l'évolution des métiers de l'entreprise.

Au même instant, dans une salle de montage de l'une des chaînes du groupe audiovisuel public, des noms d'oiseaux volent. La prise de bec oppose un technicien de montage et un réalisateur réputé et expérimenté. Le premier n'a pas encore la trentaine. Il a longtemps travaillé en tant qu'intermittent du spectacle pour une société de production privée. À l'époque, il faisait tout, tournage, montage, trucage, technicien vidéo, prise de son, réalisation. Des cadres de France Télévisions l'ont recruté il y a quelques années, séduits par son investissement et ses compétences, convaincus qu'il apporterait un vent frais. Mais ce 18 décembre 2007, le monteur refuse de mettre en œuvre les effets spéciaux que lui réclame le réalisateur. Motif invoqué : « Ce n'est pas mon travail, cela ne correspond pas à ma définition de poste. » Qu'à cela ne tienne, le réalisateur, qui connaît parfaitement les outils de montage, propose amicalement d'effectuer les douze « clics » de souris nécessaires pour obtenir l'effet visuel désiré. Le monteur tire le clavier de l'ordinateur de montage vers lui, y plaque ses mains pour empêcher tout accès. Les éclats de voix se répandent jusque dans les couloirs, puis, soudainement, tout s'arrête. Une sonnerie vient de retentir. C'est le téléphone du monteur. Tous les jours à 18 heures l'alarme se met en route pour indiquer que la journée de travail est terminée. Appelé à la rescousse, un chef de service finit par annoncer qu'il embauchera un truquiste une journée pour permettre au réalisateur d'obtenir en moins de cinq minutes l'effet spécial qu'il souhaite.

Le 17 octobre 2006, un cadre de France Télévisions reconnaissait déjà au Sénat : « L'évolution des métiers consécutive à l'apparition des nouvelles technologies fait l'objet de négociations difficiles avec les syndicats. Il s'agit néanmoins d'une évolution inéluctable[1]. »

La polyvalence des métiers doit permettre des économies. Les outils techniques ont évolué, les technologies de diffusion sont de plus en plus complexes, les exigences de l'image et du son sont de plus en plus

1. Intervention de Thierry Bert, à l'époque directeur de la gestion, des finances et des ressources humaines de France Télévisions, devant la commission des affaires culturelles du Sénat, 17 octobre 2006.

grandes. Le public, qui a élargi sa culture de l'image, en particulier par l'essor des jeux vidéo, est en attente d'effets visuels et sonores. Les salariés de l'audiovisuel public doivent tout à la fois apprendre techniquement à diffuser des contenus pour tous les supports, maîtriser la fabrication de programmes spécifiques, et savoir initier de nouveaux modèles économiques.

En droite ligne de cette exigence, un directeur des programmes écrivait, dans le dossier de présentation de la grille 2007-2008 : « La période de mutation qui est celle d'aujourd'hui permet toutes les audaces, toutes les inventions, tous les imaginaires. Elle constitue un merveilleux espace de découvertes pour nous engager dans cette aventure qu'est le pas à pas vers demain. » Visiblement ce cadre avait oublié qu'il travaillait à France Télévisions. Il en a fait l'amer constat quelques semaines plus tard. Invitant les gestionnaires d'antennes à prendre quelques dispositions simples, ne nécessitant pas plus d'une dizaine de minutes de travail par jour, afin que tous les contenus télévisés soient aussi accessibles sur le site Internet de la chaîne, il s'est entendu répondre par l'un d'entre eux : « Je veux bien, mais au préalable il faudra revoir mon statut, ma qualification et ma rémunération, car là c'est une compétence supplémentaire. »

Autre exemple révélateur : à une époque pas si lointaine où les équipements étaient plus lourds, les changements de décors plus nombreux, le service public comptait de nombreux machinistes. Aujourd'hui, ils font toujours partie des effectifs, mais les cadres techniques ont souvent du mal à leur trouver des occupations. À l'automne 2007, l'un de ces machinistes a présenté un certificat médical attestant qu'il n'était plus autorisé à lever des charges supérieures à quinze kilos. Un dispositif de reconversion lui a été proposé, mais il a refusé catégoriquement. Il voulait défendre son métier d'origine.

Quelques mois plus tard, le 23 juin 2008, France 3 met en ligne sur Internet un long reportage sur la modernité « unique en Europe » de France 3. Patrick Hesters en personne, le spécialiste des questions de haute technologie, s'est mis à l'ouvrage. Il raconte : « Autour de nous le monde change, le téléviseur change et France 3 aussi a déjà beaucoup changé. France 3 s'est engagée dans une grande révolution numérique. Chaîne du lien social, France 3, avec sa structure régionale et nationale, est en totale adéquation avec Internet, toute une dynamique qui peut faire de France 3 un réseau unique en Europe présent sur tous les supports. » Patrick Hesters vient de parler aux Français d'un monde idéal qui n'est pas celui des chaînes du service public.

Au sein de France Télévisions, les attitudes à l'égard de l'évolution des techniques sont protectionnistes par crainte de perdre une part de pouvoir ; claniques de peur de se voir détrôner par un autre service ; et corporatistes de peur que la technique supplante les hommes. La journaliste Roselyne Febvre résume la situation. C'était le 12 décembre 2007 sur un plateau de France 24. Roselyne Febvre recevait la ministre de la Justice Rachida Dati. Elle a longtemps travaillé à France 3 avant de passer à la chaîne d'information. En attendant d'être à l'antenne, les deux femmes, qui se connaissent de longue date, discutent, les caméras tournent, les micros sont ouverts. La ministre : « France 24, ça te change de France 3 ? »

La journaliste : « Ah oui. De Jurassic Park à Matrix[1]... »

Les syndicats veillent

En mai 2008, les journalistes de France 3 étaient destinataires d'une analyse de Marie-Laure Augry, celle-là même qui constituait avec Yves Mourousi le célèbre duo du journal de 13 heures de TF1 avant de passer à France 3 au poste de médiatrice des rédactions. Elle écrit : « Les journalistes ne sont plus les seuls détenteurs du savoir-informer. Les téléspectateurs internautes enquêtent par eux-mêmes et se forgent leur propre opinion, avant de regarder les journaux télévisés. Un journal télévisé qui ne serait qu'une simple reprise de l'actualité, sans valeur ajoutée, risque de ne plus correspondre à l'attente des téléspectateurs mutants. C'est cette valeur ajoutée qu'il appartient aux rédactions de définir et qui fera la différence. Les mises en perspective, les éléments d'analyse ou de comparaison, tout ce qui donne du sens à un événement, telles sont les attentes des téléspectateurs[2]. » Ce n'est pas du travail en plus, mais une autre manière de travailler qu'il faut inventer.

Dans la foulée, six directeurs de France 3 ont ajouté des compétences nouvelles dans les définitions

1. La séquence « off » de France 24 se trouve sur le site dailymotion.com à l'adresse : http://www.dailymotion.com/relevance/search/Roselyne %2BFebvre/video/x4vx7q_roselyne-febvre-en-son-off-avec-rac_news

2. Marie-Laure Augry, médiatrice des rédactions de France 3, rapport « Des téléspectateurs mutants », 2008.

de postes relatives au recrutement d'une quinzaine de journalistes : mise en forme de l'information sur tout type de supports de diffusion, participation active à Internet, commentaire de sujets destinés à alimenter le portail culturel de France 3. Les embauches ont été débattues en commission paritaire le 4 juillet 2008. Le SNJ-CGT a d'emblée dénoncé « ce viol des définitions de fonction de l'Avenant audiovisuel » et exigé le « retrait immédiat de ces missions ». La directrice générale de France 3 a obtempéré. Le syndicat a demandé « que se tienne de toute urgence une négociation afin de permettre à France 3 de se développer sur tous les supports en respectant l'Avenant audiovisuel et l'accord droits d'auteurs France Télévisions ». La directrice générale de France 3 a obtempéré aussi. Courage, fuyons, le capitaine sur sa passerelle du huitième préfère la mer calme, France Télévisions adorerait naviguer dans les bassins du jardin du Luxembourg.

Au terme de quinze ans de combat syndical et de dix-huit mois de négociations, France Télévisions avait aussi cédé le 3 mai 2007 en décidant de verser de l'ordre de 1 million d'euros par an à la Société civile des auteurs multimédias, à charge pour elle de redistribuer cette somme aux journalistes du groupe public en fonction de la réexposition des sujets. Le Syndicat national des journalistes-CGT de France Télévisions s'enflammait : « Depuis vingt-quatre ans nos sociétés spoliaient tout à la fois nos droits pécuniaires et moraux. C'est une grande victoire pour les syndicats et les journalistes. » À noter que l'accord de France Télévisions a été signé alors que, six mois plus tôt, un rapport pour le gouvernement sur « l'économie de l'immatériel » préconisait parmi soixante-huit mesures une limitation du droit moral, non pas pour « exploiter » les auteurs, mais pour favoriser la croissance. Dans le groupe public, on est hermétique à ce type de propos. France Télévisions est à contre-courant des évolutions réglementaires qui se dessinent. Dans un rapport de septembre 2008 sur « les médias et le numérique », Danièle Giazzi préconisait très simplement qu'en « contrepartie du paiement d'un salaire, le journaliste cède son contenu à l'ensemble des supports d'un même titre ou marque ».

La crainte de l'avenir, particulièrement prégnante en 2008, a souvent exacerbé le repli sur soi. En mai 2008 des journalistes reporters d'images, des rédacteurs, des techniciens de France 3 faisaient circuler une pétition pour refuser le déploiement et l'utilisation d'un nouveau type de caméra dont la direction de la chaîne avait fait l'acquisition au terme, bien évidemment, de nombreux tests, essais, expérimentations. Le 10 juin 2008, la CFDT et le SNJ de France 3 adoptaient ensuite une motion pour dénoncer le Global Média, « une ambition virtuelle » qui « ne répond pas à la question de la survie de la chaîne prémium ». Le 27 juin 2008, ce fut au tour des élus du comité d'établissement de France 3 Alsace d'adopter un texte pour dénoncer le projet Global Média régional pour lequel « il manque à la fois du personnel, des moyens financiers, une ligne éditoriale claire et des besoins identifiés ».

Mais, soyons juste, tout n'est pas noir. France Télévisions compte dans ses effectifs des cadres, des techniciens, des salariés prêts à toutes les audaces et toutes les avancées. Ici, un rédacteur en chef a réussi à implanter dans sa rédaction une caméra légère, que les journalistes mettent en œuvre eux-mêmes, pour fabriquer des flashes d'information pour Internet. Là, un cadre technique tente d'instaurer des méthodes de travail plus rationnelles. Mais quand, dans le secteur privé, ces salariés seraient encouragés et valorisés, à France Télévisions, ils font figure de téméraires qui prennent des risques insensés en pouvant à tout moment être attaqués par les représentants syndicaux ou désavoués par des supérieurs frileux. Pendant ce temps, à la rédaction de TF1-LCI, les rédacteurs monteront bientôt leurs sujets eux-mêmes et les cameramen commenteront leurs images. À France Télévisions, cela relève purement et simplement d'une vision lunaire.

L'audiovisuel public s'enlise dans des querelles éternelles. Le 9 juillet 2002, un accord sur la mise en œuvre concertée de l'évolution des métiers avait été signé à France 3. Pour répondre, à l'époque déjà, à la technicité croissante et à l'apparition accélérée de nouveaux outils, l'accord prévoyait des mécanismes d'expérimentation, des cursus de formation et des parcours professionnels complets. Des expérimentations avaient été réalisées à Reims et Rennes pour chercher à pallier la rigidité des frontières fonctionnelles, mais la démarche n'a pas reçu l'aval d'une majorité d'organisations syndicales. À la fin de son mandat, Marc Tessier, président de France Télévisions, reconnaissait lui-même que le groupe public avait raté le premier train du numérique, laissant au secteur privé un rôle de locomotive.

Le député Patrice Martin-Lalande écrivait en 2006 : « Dans le domaine de la gestion, les ambitions du groupe sont trop elliptiques. La maîtrise évoquée de la masse salariale n'est assortie d'aucune précision permettant d'en apprécier la vraisemblance. Les ambitions du groupe en matière de politique de ressources humaines et notamment d'évolution des métiers de l'audiovisuel ne sont pas suffisamment explicitées, de sorte qu'aucun suivi précis ne pourra en être effectué[1]. »

À la vitesse de l'escargot

À France Télévisions, chaque avancée vers la modernité est un combat.

Au cours de l'été 2008, France 3 a expérimenté un portail Internet dédié à la vie culturelle de l'Hexagone en partant du principe que 85 % des dépenses et des emplois culturels sont réalisés en régions et que 120 sujets culturels sont tournés chaque semaine par les différentes rédactions. Le prolongement a été le lancement de la « Culturebox » le 20 octobre 2008.

Quel long chemin pour en arriver là : une chargée de mission, un directeur régional délégué à la coordination, un cabinet de consultants extérieur, une agence de communication interactive privée – la même que celle qui a créé le site web de Carla Bruni-Sarkozy dédié à la sortie de son dernier album. Comme si, avec 5 500 salariés, France 3 ne disposait

---

1. Patrice Martin-Lalande, rapport annuel sur les avances à l'audiovisuel public pour la loi de finances, 2007.

pas des ressources nécessaires. Comme si France Télévisions Interactive n'existait pas précisément pour développer le web. Et pourquoi, alors que les grands opérateurs du net cherchent des contenus attractifs dans une logique de maîtrise des coûts et des productions déclinables sur divers supports, la chaîne choisit-elle des programmes élitistes parmi les plus chers à produire ? Le 3 décembre 2008, sous la pyramide du Louvre, un concert en direct de Pierre Boulez était programmé exclusivement pour Internet.

Plus généralement, pourquoi créer un portail culturel alors qu'une autre chaîne publique, en l'occurrence Arte, a lancé au même moment un portail dédié aux festivals de l'été beaucoup plus ambitieux avec 50 concerts en direct sur son site et un total de 250 programmes spécifiques pour le web ? Jérôme Clément, président d'Arte France, n'a d'ailleurs pas pu s'empêcher de lancer une petite remarque assassine à la rentrée 2008 : « France Télévisions, ils ont du chemin à faire, et ils ne feront jamais aussi bien que nous. Ça nous sécurise : plus il y a de culture, plus les gens voient que chez nous c'est mieux [1]. » Arte et France Télévisions, c'est la fée Clochette et Babar l'éléphant.

En direct sur France 2, William Leymergie s'est un jour exprimé sur la question, dans son émission « Télématin ». En invitant le public à retrouver des compléments d'information sur le site de France 2, il avait ajouté : « Bon, je sais, il y a tellement de choses

---

1. Isabelle Roberts et Raphael Garrigos, « On ne peut pas faire que dans le divertissement », *Libération*, 26 août 2008.

qu'on ne s'y retrouve pas[1]. » Volant à son secours, une de ses chroniqueuses, Laura, du web, expliqua : « Il vaut mieux passer par Google et taper directement "Télématin" pour nous retrouver. » Après des mois de chantier, les sites de France Télévisions venaient pourtant d'être restructurés il y a peu.

Quelle lenteur d'exécution aussi pour le portail d'informations commun à tout le groupe public ouvert le 30 août 2008 ! Le site est fonctionnel et efficace, mais le processus a été pour le moins poussif. Deux ans plus tôt, Paul Nahon, patron de l'info de la 3, avait déjà annoncé son ouverture prochaine[2].

Quelles dépenses somptuaires aussi pour créer des webtélés régionales ! Certes l'idée est judicieuse : permettre à chaque internaute de disposer de « son » France 3 en sélectionnant les contenus vidéo relatifs à ses centres d'intérêt, couplés à des services et à de l'interactivité. Mais chargées de mission par ici, comité de suivi par là, cellule d'accompagnement en prime, agences de création en complément ou structure d'appui technique, tout est envisagé à grand renfort de sociétés privées.

Avec l'énergie du désespoir

Autre illustration des obstacles à franchir pour innover... Cela se passe à France 3 Alsace. Au cours de l'été 2007, l'antenne régionale avait proposé une opération Global Média avec des programmes courts de découverte aérienne de la région, la diffusion de

1. Déclaration en direct dans « Télématin », 5 juin 2008.
2. *Stratégies Newsletter*, 5 décembre 2006.

tels contenus sur téléphone mobile et un film en version longue sur un DVD. S'ajoutaient des JT à dominante touristique, une émission hebdomadaire en prime time et des centaines de fiches pratiques de découverte touristique enrichies de séquences vidéo sur le web. France Télévisions Interactive, le service dédié à Internet, avait d'emblée indiqué qu'un délai minimum de six à neuf mois lui était nécessaire pour créer le site Internet. Qu'à cela ne tienne, une entreprise régionale a réalisé le travail en un mois. Ensuite, du côté de France Télévisions Publicité, il a été indiqué qu'il n'y avait pas moyen de trouver un partenaire financier pour les programmes courts. Soit, l'annonceur a été trouvé directement par France 3 Alsace. Un seul appel téléphonique a suffi. Pour le DVD de 52 minutes d'images aériennes offert aux lecteurs d'un magazine, c'est le service juridique de France 3 qui a trouvé à redire, invoquant un problème de réglementation. Lorsque l'accord du service juridique est intervenu, le DVD était en kiosques depuis longtemps. Enfin, pour la production des contenus, les équipes techniques de France 3 ont passé leur temps à ralentir le rythme de fabrication pour tenter de faire la démonstration que les moyens mis en œuvre étaient insuffisants.

Au final, l'opération fut un succès. Entre l'année 2007 où le projet Global Média a été développé et 2008 où elle n'a pas été reconduite à la suite du départ des porteurs du projet, les audiences ont perdu jusqu'à 42 %. Mais le bilan de la programmation estivale de France 3 Alsace n'a jamais été intégré sur le site Intranet de France 3 dédié aux audiences. De son côté, France Télévisions Interactive a refusé de prendre en compte les statistiques de connexion du site estival, estimant que les chiffres fournis par le prestataire privé pouvaient ne pas être fiables. Si France Télévisions avait voulu gommer de la mémoire de l'entreprise qu'il était possible de réaliser du Global Média dans des temps records, sans investissements colossaux, elle ne s'y serait pas prise autrement.

C'est pourtant précisément cette opération qui a été mise en avant par trois députés pour déposer un amendement à la loi sur le nouveau service public de la télévision et réclamer pour France 3 une véritable grille de programmes de proximité, diffusés aux heures de grande écoute, et contribuant fortement, là où il y a lieu, à l'expression des langues régionales.

Autres belles éclaircies : à France 5, un site riche et interactif dédié aux documentaires ; à France 3, une opération sur tous les supports sous le titre « Les sentinelles de la mer » de « Thalassa » ; la webtélé Toowam pour les programmes jeunesse. Mais combien de déserts faut-il traverser pour trouver de telles oasis ?

Des exemples à suivre : l'INA et Arte

L'INA donne une merveilleuse leçon à France Télévisions, en démontrant à quel point Internet peut constituer une chance et à quel point aussi un service public de l'audiovisuel peut être réactif. L'Institut national de l'audiovisuel conserve un stock de 3 millions d'heures provenant de plus de soixante-dix ans de programmes radio et télé. Pour assurer ses missions de service public, l'Institut bénéficie, comme les chaînes publiques, de recettes de la redevance, mais là où France Télévisions engloutit, rappelons-le, 79,59 euros par redevance, l'INA n'en obtient que 3,34.

L'INA a réussi à passer d'un statut d'institution vieillissante et menacée, à celui d'une entreprise de pointe de l'audiovisuel et du numérique affichant en 2007, pour la dixième année consécutive, un résultat positif et faisant progresser son chiffre d'affaires de près de 30 %, hors redevance. L'INA a renforcé la politique de commercialisation de ses archives, à l'égard des professionnels, du grand public et de la communauté éducative, le tout via Internet pour constituer une offre pertinente et enrichie. L'Institut a développé la vente à l'étranger, fait entrer la publicité sur son site, signé un contrat d'exploitation des archives de TF1, développé des partenariats avec de nombreux médias pour améliorer la visibilité de ses archives et les « éditorialiser ». Dix millions d'internautes ont visité le site ina.fr en 2007. En novembre 2008, l'INA a aussi lancé un nouveau service qui permet au public de choisir ses archives et de se faire graver un DVD, l'objectif étant d'augmenter de 50 % ses ventes aux particuliers. Prochaine étape : la création d'une chaîne télé.

Également dans le secteur de l'audiovisuel public, Arte est à la pointe. La chaîne a créé une plate-forme de blogs en version française et allemande pour favoriser les échanges. À l'automne 2008, Arte a initié deux programmes dédiés au web. Ce fut en particulier l'opération « Twenty show » avec un objectif éditorial original : créer un contenu à dimension documentaire, révélateur de la génération de ceux qui ont

20 ans aujourd'hui, à partir de contenus amateurs et professionnels. Sur un plan stratégique : générer une communauté d'utilisateurs de 18 à 30 ans sur Internet pour rajeunir l'image et l'audience globale de la chaîne.

Par ailleurs, la chaîne franco-allemande a annoncé qu'en 2009, 80 % de ses programmes seraient accessibles gratuitement sur son site Internet. Arte s'est aussi mise à la diffusion haute définition dès février 2007, à la fois sur satellite et sur les offres ADSL des opérateurs Orange et Neuf Télécom. Le tout, rappelons-le, sans qu'Arte diffuse la moindre seconde de publicité. « Ce n'est pas la fin de la télévision, mais à moins d'être idiot ou aveugle, on ne peut pas négliger Internet, que les jeunes, notamment, regardent de plus en plus [1] », dixit Jérôme Clément. Sur France Inter, la journaliste Colombe Schneck s'interrogeait alors fort justement : « Et si Arte était le modèle de la télévision publique de demain [2] ? »

Toute l'Europe fait mieux que France Télévisions

En effectuant un tour d'Europe des initiatives des télévisions publiques dans le domaine des services numériques, on constate que les retards de France Télévisions sont criants.

Dès l'automne 2006, NPO au Pays-Bas a lancé un bouquet de dix-sept chaînes thématiques numériques sur le câble et l'ADSL, ainsi que cinq sites Internet

1. *Libération*, 26 août 2008.
2. Émission « J'ai mes sources », France Inter, 8 septembre 2008.

pouvant être enrichis par les utilisateurs. YLE, la télévision publique finlandaise, a remplacé une logique de contenus par une logique de distribution avec une rationalisation des coûts. En Angleterre, il y a longtemps déjà que la BBC a ouvert un service de formation pour le personnel, spécifiquement pour les nouveaux supports. Depuis trois ans, la chaîne propose tous les programmes importants en téléchargement, vend ses contenus aux opérateurs de téléphonie mobile et propose la vidéo à la demande. Sur le plan de la citoyenneté, la télévision publique britannique a lancé divers portails sur l'environnement, les personnes handicapées, l'éducation et l'apprentissage[1].

À ce stade, il faut se rappeler la façon dont France Télévisions a rejeté une initiative judicieuse il y a quelques années. Le ministère du Commerce et de l'Artisanat soutient financièrement divers pôles d'innovations à travers la France. L'un de ces pôles, dédié à la communication, a été précurseur dans bien des domaines depuis dix ans. En 2005, il a proposé la création d'un programme innovant, ludique et éducatif, lié au monde de l'apprentissage. Bien avant le succès de « D&Co » de M6, et sur un principe similaire, il s'agissait de mettre en valeur des métiers et des savoir-faire. Le projet a été développé avec l'une des antennes régionales de France 3, mais arrivé dans les bureaux parisiens de la chaîne, le dossier ne fut

1. « Présence et stratégie des médias de service public sur les services numériques », IMCA pour la Direction des médias, 1er juillet 2008.

pas jugé suffisamment sexy. Un commentaire accompagnait ce refus : « L'apprentissage c'est ringard et ça fait province. » Et pourquoi ne pas avoir songé, à l'époque déjà, à une diffusion sur Internet ? Pourquoi ne pas avoir travaillé sur le programme, d'autant qu'il était quasiment gratuit, les initiateurs bénéficiant d'aides publiques ?

La BBC n'a pas eu la même approche dédaigneuse à l'égard de l'apprentissage. Son portail dédié a largement trouvé son public. Aujourd'hui, grâce à sa stratégie volontariste et à une multitude de partenariats, le site Internet de la BBC génère chaque mois plus de 16 millions de visiteurs uniques, soit trois fois plus de visiteurs uniques que pour les chaînes du service public français [1].

Un partenariat exclusif sujet à caution

France Télévisions propose au public de voir ou de revoir ses programmes, pendant une période donnée, quand il le souhaite et sur les supports qu'il souhaite. On appelle cela la « catch-up TV » ou « télévision de rattrapage ». Quatre millions de Français y ont eu recours en 2007, 5,6 millions en 2008. Beaucoup de chaînes proposent ce service. Mais à France Télévisions cela se fait dans des conditions particulières...

Après douze mois de négociations, France Télévisions a signé un partenariat exclusif avec Orange portant sur la diffusion des principaux programmes des

1. Fin 2007, 16,6 millions de visiteurs uniques par mois pour la BBC, contre 4,2 millions de visiteurs uniques pour France Télévisions (sources : Nielsen).

cinq chaînes du groupe, sauf films et actualités sur les trois écrans TV, PC et mobile. L'accord a d'abord fait l'objet d'une plainte devant le Conseil de la concurrence en raison de son exclusivité, mais la procédure a été rejetée.

Le 30 juin 2008, trois sénateurs, Gérard Longuet, Louis de Broissia et Catherine Dumas, ont alors déposé un amendement à la loi relative à la liberté de communication pour interdire à France Télévisions de réserver ses programmes à un seul opérateur de communication. Les trois sénateurs ont écrit : « Le plus choquant est que l'accord limite l'exposition, alors que les émissions ont été en partie financées sur fonds publics : la redevance et le compte de soutien à l'industrie des programmes. La démarche de France Télévisions ne peut que fragiliser le consentement du public à payer la redevance audiovisuelle. L'exclusivité dénature profondément le contrat moral entre le service public et les téléspectateurs qui le financent. Pour toutes ces raisons, il serait souhaitable que France Télévisions se voie contrainte de proposer sur une base de non-exclusivité non seulement la reprise de ses programmes, mais également son offre de télévision de rattrapage[1]. »

L'amendement a été rejeté, mais la question demeure : pourquoi un partenariat exclusif alors que les chaînes privées ont, elles, conclu depuis fin 2007 des accords avec différents fournisseurs d'accès ?

---

1. Texte de l'amendement déposé par les sénateurs Gérard Longuet, Louis de Broissia et Catherine Dumas, le 30 juin 2008.

Alors que les trois sénateurs posaient la question de la gratuité d'accès à des programmes financés par des fonds publics, France Télévisions a continué à s'engager sur le chemin tortueux du paiement des programmes au moment du très populaire Tour de France 2008. Les sites Internet du groupe public ont diffusé en direct les étapes du 95e tour cycliste mais à travers un accès payant, du forfait deux heures à 1,69 euro, au forfait intégral à 24,99 euros. La gratuité n'était proposée que pour les résumés des étapes, les reportages et les émissions quotidiennes consacrées au Tour.

Reste une hypothèse : et si l'État, à la fois actionnaire de France Télévisions et d'Orange, avait dans l'idée d'orchestrer un rapprochement entre les deux sociétés pour précisément disposer d'un géant français de l'audiovisuel ? Philippe Bailly, qui dirige le NPA Conseil, n'exclut pas cette éventualité : « On demande à France Télévisions d'être exemplaire, et c'est justement dans la veine de France Télécom d'être en pointe[1]. »

Où est la vitrine technologique ?

Patrick de Carolis avait promis de « faire du groupe une vitrine technologique au service des antennes », mais voici mot pour mot ce qui est écrit dans le rapport financier 2007 de France Télévisions au chapitre « Développement et nouveaux supports ». Cela tient

1. *Challenges*, 21 novembre 2008.

en quelques lignes : « Sur Internet, en plus du développement des sites des chaînes du groupe et des sites dédiés aux événements et programmes, France Télévisions Interactive a lancé en octobre 2007 les nouvelles ergonomies des sites france2.fr et france3.fr. Par ailleurs, l'offre de vidéo à la demande a été fortement développée, tant en VOD payante, qu'en VOD gratuite avec les expérimentations documentaires de france5.fr et Jeunesse avec france2.fr, france3.fr et france5.fr. En matière de haute définition, France Télévisions a réalisé un test grandeur nature sur un événement mobile avec la réalisation et la diffusion sur TNT en haute définition et sur Orange ADSL à l'occasion du Tour de France 2007. Sur l'ADSL, France Télévisions a ouvert sept canaux SD sur le réseau d'Orange, ainsi que deux canaux haute définition sur les réseaux d'Orange dans le cadre de Roland Garros 2007. »

Comme toujours il y a les belles déclarations et la réalité concrète. La comparaison de l'offre VOD des différentes chaînes est cruelle pour l'audiovisuel public. Le service VOD de TF1 fournit 3 100 titres, celui de Canal Plus 2 500, celui de France Télévisions 531 [1]. Ajoutons Arte qui met 1 300 programmes à disposition.

Passons sur le fait que les sites des chaînes publiques sont sévèrement jugés par les professionnels d'Internet en raison de la surabondance d'informations ; passons sur la répétition des tests et des expérimentations, grande spécialité de l'audiovisuel public,

1. Cabinet NPA, 16 octobre 2008.

et passons sur la multiplication des opérations exclusives avec Orange, pour regarder des résultats concrets...

Dans le « Top 100 » des offres du web français, la première place revient à Google, suivi de Microsoft et d'Orange. Les chaînes de France Télévisions pointent... à la 31e place, loin derrière le groupe TF1 qui occupe la 8e place [1]. Entre août et septembre 2008, France Télévisions a même perdu 9 % de visiteurs [2]. Face à l'audiovisuel public, TF1 est le premier groupe média sur Internet, constitue la première offre légale de vidéos et est l'un des acteurs importants du web communautaire avec son site de blogs et son site de partage de vidéos. Enfin, TF1 a développé des partenariats pour une stratégie de diffusion virale avec Telecom Italia et Alice.

Le 1er juillet 2008, une étude pour le gouvernement n'a pas ménagé France Télévisions : « Investir le numérique, Internet comme le mobile, suppose d'adopter de nouveaux modes de production avec un rapport au temps différent, d'inventer de nouveaux formats, d'intégrer de nouvelles formes de relation avec son public, plus collaboratives, de chercher de nouveaux modèles économiques [3]. » Le Centre national de la cinématographie a pourtant nettement

1. Source Médiamétrie, « L'audience de l'Internet en France », avril 2008.

2. Source Médiamétrie-eStat, septembre 2008.

3. « Présence et stratégie des médias de service public sur les services numériques », IMCA pour la Direction des médias, 1er juillet 2008.

montré la voie en initiant une politique d'aide aux projets pour les nouveaux médias et pour accompagner le développement du marché de la vidéo à la demande. Petite avancée : France Télévisions a annoncé en octobre la nomination d'un responsable du marketing Internet, à charge pour lui de proposer et d'initier la stratégie marketing et commerciale sur Internet, de mettre en œuvre et de coordonner les actions de marketing retenues.

« Les professionnels de France Télévisions ont intérêt à se former vite fait pour entrer dans le Global Média[1] », dixit Catherine Tasca, sénatrice. Yves Bigot, directeur général adjoint chargé des programmes d'Endemol depuis septembre 2008, ajoute : « Il faut que l'audiovisuel public se globalise y compris en associant télévision publique et radio publique. » Pascal Josèphe poursuit : « Quand on pense à tout ce que produisent les chaînes de France Télévisions, on ne peut qu'être excité par la marge d'évolution qui s'offre à elles. C'est la notion de marque qui compte. Encore faut-il gérer et penser tout cela simultanément[2]. » Enfin, Patrick Chêne propose à travers sa société privée des contenus spécifiques pour le web et le mobile, en particulier pour Orange. Ironie de l'histoire, Yves Bigot, Pascal Josèphe, Patrick Chêne, avec leur vision d'avenir pleine de lucidité, sont tous issus de l'audiovisuel public, mais ils ont tous fini par rejoindre le secteur

1. « Quelles réformes pour le secteur de l'audiovisuel », débat au Sénat le 5 février 2008.

2. « Pascal Josèphe : Il ne faut pas se tromper de révolution », *Le Monde*, 29 juin 2008.

privé. Certains cadres de France Télévisions préconisent régulièrement des pistes innovantes, mais se heurtent souvent aux mêmes formules : « C'est pas possible », « Ça va être compliqué ».

« On passe à la fois d'une économie de la rareté à une économie de l'abondance et d'une offre de masse à une offre sur mesure. Diffuseurs, producteurs, créateurs, distributeurs, mais aussi publicitaires devront modifier leurs stratégies et construire des offres adaptées aux goûts et aux modes de vie de chacun. Interactivité, diversification des terminaux et des modes d'accès, élargissement de l'horizon de diffusion grâce à Internet, l'État peut faciliter le changement en simplifiant la réglementation, en concentrant ses aides sur la création et en reconsidérant les dispositifs anticoncentration. Mais son cadre ne peut plus se limiter à un cadre exclusivement français : l'État doit aussi, et peut-être surtout, encourager le secteur des médias à s'inscrire dans une dynamique internationale, notamment par le biais de partenariats européens, seuls susceptibles d'être à l'échelle de la nouvelle économie des médias[1]. » Belle clairvoyance de Jean-Michel Charpin, alors commissaire du Plan. C'était en janvier 2000. Rien ne s'est passé ensuite, si ce n'est que son analyse a été oubliée.

---

1. Avant-propos du rapport « Médias : promouvoir la diversité culturelle » de Monique Dagnaud, Marie Bonnet et Sylvie Depondt, janvier 2000.

En perdition

Le paquebot France Télévisions est en perdition, désorienté, égaré dans le triangle des Bermudes du paysage audiovisuel français. Il n'a pas réussi à se fixer un cap, pas plus qu'il n'a su choisir une destination. Les passagers sont sur un bateau ivre. L'équipage veut partir à droite. L'armateur veut partir à gauche. Les syndicats changent d'avis selon le jour, l'heure et l'interlocuteur. Le capitaine, une main tendue vers l'armateur pour réclamer de l'argent, l'autre tendue vers les Français pour obtenir de l'aide, n'a plus moyen de se retrousser les manches pour braver les éléments.

« Toute cette direction de FRANCE 3, il faut la virer. Je ne peux pas le faire maintenant. Mais ils ne perdent rien pour attendre. Ca ne va pas tarder. » Tels sont les propos que Nicolas Sarkozy, candidat à la présidence de la République, a tenus le 18 mars 2007 dans les locaux de France Télévisions à Paris. Invité à participer à l'émission de Christine Ockrent, « France Europe Express », il a dû patienter pour disposer d'une loge de maquillage et n'a pas été salué par les dirigeants. Il s'était récrié : « Mais enfin, il n'y a personne pour m'accueillir. La direction n'est pas là ? Ce n'est pas normal. Qu'est-ce qu'ils font ? Qui suis-je pour être traité ainsi ? »

Dix jours plus tard, le même Sarkozy avait remis cela. Cette fois dans les studios de France 3 Nord-Pas-de-Calais. Après la diffusion d'un reportage, il avait déclaré à l'antenne : « J'ai déjà vu des reportages malhonnêtes mais de cette nature, c'est assez rare. » Info et intox dans tout le réseau France 3, le bruit a ensuite couru que Nicolas Sarkozy avait annoncé qu'il se débarrasserait de la directrice régionale.
Une fois président, Nicolas Sarkozy n'a pas calmé ses ardeurs. Fin 2007, il a lancé : « À France Télévisions, je dis : vous êtes nuls, je veux en prime time une pièce de théâtre, un opéra, et tant pis si cela ne fait pas d'audience. » Au même moment il a tonné : « Je veux une émission littéraire, une vraie. » Le 4 juin 2008, s'adressant dans son bureau à une délégation de producteurs, il a poursuivi : « Je veux que France Télévisions se réforme. » Le 17 juin 2008, lors de la remise des insignes d'officier de l'ordre du Mérite à Yann-Arthus Bertrand, le ton a été plus vif encore. Après la cérémonie, devant une trentaine de personnes, le chef de l'État s'en est pris à Patrice Duhamel, le directeur général des antennes de France Télévisions, pour lui administrer une volée de bois vert. Nicolas Sarkozy était furieux du transfuge de Julien Courbet de la 1 vers la 2. Yann Arthus-Bertrand s'était interposé en mettant en avant que France 2 ne peut être réduit à si peu de choses, et avait évoqué son émission « Vu du ciel », emblématique de la qualité du service public. Réponse de Sarkozy : « Ton émission ? Eh bien, il ne manquerait plus qu'ils ne la fassent pas ! » Le Président avait conclu : « Il faut tout refaire, même l'info. Le service public, il faut le refaire de haut en bas et du sol au plafond. Fini le confort et les placards dorés[1]. »

---

1. *Le Canard enchaîné*, 25 juin 2008.

Lorsqu'on est comme Nicolas Sarkozy l'ami des plus puissants hommes des médias, lorsqu'on est comme lui fasciné depuis l'adolescence par le journalisme et qu'on avoue qu'on se verrait bien directeur des programmes d'une chaîne de télévision, cela ne peut pas être sans conséquence. Dans un dossier aussi complexe que celui de l'audiovisuel public, vu les sommes qui sont engagées, les intérêts qu'il met en jeu, le mille-feuille de textes réglementaires et les groupes de pression qui l'animent, Nicolas Sarkozy a montré au fil des mois, par des petites phrases et des actes successifs, à quel point il est excédé.

C'est une vieille rengaine en France : la gestion de la télévision publique par l'État est invariablement dominée par le mano a mano *entre le président de France Télévisions et le président de la République. Un exemple est resté particulièrement célèbre : un bras de fer retentissant de seize mois. Il concerne Philippe Guilhaume, élu par le Conseil supérieur de l'audiovisuel contre la volonté du pouvoir. D'août 1989 à décembre 1990, il a résisté à la pression du gouvernement socialiste avant de jeter l'éponge. Cette fois, cela se joue entre Patrick de Carolis et Nicolas Sarkozy.*

Jérôme Clément s'occupe d'Arte depuis dix-sept ans. Pierre Lescure a été à la tête de Canal Plus pendant dix-huit ans. Patrick Lelay a dirigé TF1 pendant vingt ans. Nicolas de Tavernost occupe des fonctions de direction à M6 depuis plus de vingt ans aussi. France Télévisions, de son côté, en est à son sixième président pour la même période. D'abord bien précieux, elle est devenue un bien fragile. Une fragilité d'autant plus dangereuse aujourd'hui dans le contexte de la révolution des médias.

France Télévisions a besoin d'un président assuré de rester en fonction pendant une période longue, fin gestionnaire, visionnaire sur l'évolution du monde des médias, ne cherchant ni à séduire ni à satisfaire les innombrables groupes de pression. L'audiovisuel public mérite un président éloigné des luttes de pouvoir et des intérêts partisans, capable de parler d'égal à égal avec la Tutelle, prêt à rendre des comptes à l'État et à jouer la transparence avec les Français qui payent la redevance. L'audiovisuel public doit trouver un président qui sache mobiliser des salariés désorientés par les errances passées, éloigné du strass et des paillettes, animé par une noble idée du service public.

France Télévisions doit pouvoir compter sur un président soulagé d'ambitions personnelles, soucieux de porter le téléspectateur loin des miroirs aux alouettes, des plaisirs fugaces et des satisfactions immédiates.

En situation de guerre

Privé contre public

Le 31 juillet 2008, à Paris, TF1 présente ses résultats semestriels. Le P-DG Nonce Paolini en profite pour critiquer les sommes « très, très élevées » que France Télévisions devrait recevoir en compensation de la suppression de la publicité en soirée. Lors d'un débat public, le patron de TF1 avait déjà lancé : « TF1 peut proposer, pendant la nuit, des programmes de remplacement pour un montant beaucoup moins élevé que celui qu'a annoncé le président de France Télévisions. Le marché ne doit pas se voir imposer une charge financière qui serait sans rapport avec la réalité des charges qu'un service public doit avoir pour financer ses programmes. Je pense qu'il y aurait beaucoup à dire sur la vision que Patrick de Carolis a de la gestion de sa chaîne[1]. » Bertrand Méheut, président du groupe Canal Plus, a évoqué de son côté « la mauvaise gestion structurelle de France Télévisions[2] ».

---

1. « Quelles réformes pour le secteur de l'audiovisuel », débat au Sénat, 5 février 2008.
2. *L'Expansion*, 2 juin 2008.

Les rapports entre les télés privées et les télés publiques ont toujours été marqués du sceau du conflit, chacun estimant que l'autre bénéficie d'un contexte plus favorable. Une affaire est restée célèbre. Elle remonte au 6 juin 1994. Elle concernait François Léotard, alors ministre de la Défense, et Étienne Mougeotte, homme fort de TF1 à l'époque. En attendant l'intervention du ministre dans le JT de TF1, une caméra avait saisi une conversation :

Étienne MOUGEOTTE. – Notre seule inquiétude là, c'est la révision du cahier des charges du service public, parce que tous les prétextes sont bons pour essayer de donner des coupures de pub supplémentaires.

François LÉOTARD. – Oui, oui bien sûr, j'ai eu Patrick [Lelay, président de TF1] au téléphone, il m'a dit ça.

Étienne MOUGEOTTE. – On est assez inquiet là-dessus. Enfin, c'est simple, il y a 150 à 200 millions, enfin disons 150 millions qui se promènent.

François LÉOTARD. – Oui, oui, bien sûr.

Avec le développement des canaux de diffusion, la fragmentation des audiences, la disparition des frontières entre les supports, la présence de groupes à dimension européenne ou mondiale, la tension de 1994 s'est transformée en situation de guerre économique pour l'ensemble des médias français. Il faut réformer, investir, imaginer des alliances, inventer de nouveaux modèles économiques. Chacun tente de survivre. La refondation de l'audiovisuel et des médias français en général est en cours. Pour les télévisions privées, l'âge d'or des profits est passé, il s'agit de trouver de nouvelles recettes et des économies.

Nonce Paolini, le P-DG de TF1, explique à ses actionnaires : « La réglementation française est une des plus contraignantes et des plus anciennes d'Europe. Elle entrave le secteur de l'audiovisuel dans son ensemble. Le chantier est ouvert sur trois grands domaines : la publicité, la relation entre les producteurs et les diffuseurs, ainsi que le dispositif anticoncentration qui empêche des sociétés comme les nôtres de se développer dans leur domaine de compétences. Cette refondation doit avoir une double ambition : relancer la croissance de l'ensemble du secteur audiovisuel et redonner à la création française une place de choix sur nos antennes comme à l'étranger[1]. »

Nicolas de Tavernost, le patron de M6, est sur la même ligne : « Ce pays est comme fossilisé, vitrifié. Tout est codifié. Nous subissons les mêmes contraintes, nous endurons le même corset réglementaire qu'il y a vingt ou trente ans. En France, nous sommes au Moyen Âge, quand le reste du monde est à la l'heure d'une révolution sans précédent. En France, on continue inlassablement à ignorer les grands sujets. Or, les grandes questions sont : comment constituer les groupes privés et publics puissants ? Comment faire face à un marché qui se développe peu, sur le plan des ressources, et éviter que tout ne finisse par basculer sur Internet ? Comment adapter notre outil télévisuel aux nouvelles technologies ? Quelles doivent être les règles qu'il conviendrait

1. TF1, « Rapport annuel 2007 ».

d'assouplir, pour que la France soit au diapason de ses voisins [1] ? »

Recommandations bancaires

Nicolas de Tavernost connaît le président de la République. Leurs liens ont commencé de se nouer en 1985, lorsque Nicolas Sarkozy a créé le club Neuilly Communication auquel le patron de M6 a adhéré. Arnaud Lagardère, à la tête du premier groupe mondial d'éditions de magazine, a pour « frère » le même Nicolas Sarkozy. Martin Bouygues, P-DG de la maison mère de TF1, est le parrain de Louis, le plus jeune fils du Président. De son côté, Nicolas Sarkozy, par son passé de parlementaire, par ses différentes fonctions ministérielles, est l'un des hommes politiques français qui connaît le mieux le monde des médias. Il n'est pas loin de reprendre mot pour mot ce qu'écrivait déjà le député Alain Griotteray il y a plus de dix ans : « Construire l'Europe, c'est aussi et même surtout y bâtir des groupes financièrement forts pour lutter à armes sinon égales, mais à tout le moins concurrentielles avec les producteurs, distributeurs et diffuseurs qui aujourd'hui exercent une domination mondiale [2]. »

Voilà pour le cadre et les hommes. Le jeu de Monopoly peut commencer...

---

1. Interview de Renaud Revel sur son blog « Immédias » de *L'Express*, 28 mai 2008.
2. Alain Griotteray, *L'argent de la télévision*, Éditions du Rocher, 1996.

Au cours de l'automne 2007, des analystes de la Société Générale mettent la dernière main à une étude financière de quarante-cinq pages centrée sur TF1 et M6 et leur positionnement dans le contexte européen. Constat de départ : « Les diffuseurs français opèrent sur le marché le plus régulé d'Europe caractérisé par des besoins d'investissements lourds, des prélèvements publics importants et une flexibilité réduite pour la diffusion de publicités[1]. » Mais la Société Générale est optimiste. Elle annonce déjà que l'allègement de la réglementation va favoriser la création de groupes internationaux. Les auteurs du document soulignent : « Il ne s'agit pas pour le gouvernement de faire des faveurs à des opérateurs, mais bien de restructurer un secteur menacé. TF1 et M6 devraient en profiter pareillement. » Il faut trouver le chemin de « changements qui pourraient être politiquement acceptables et qui impliquent un arbitrage entre les concessions faites aux chaînes privées, à France Télévisions et aux producteurs, fournisseur de contenus ». Deux des leviers sont la durée des écrans publicitaires et la durée de propriété des droits des émissions.

Deux mois avant l'annonce de la fin de la publicité sur le service public, une banque avait donc anticipé. Il apparaît aussi que France Télévisions n'est qu'un petit maillon de l'histoire qui est en train de se réécrire. À l'époque, même les cadres de direction de l'audiovisuel public n'ont pas connaissance de ce qui se trame. Tout au plus Patrick de Carolis et les directeurs généraux des chaînes évoquent-ils avec leurs

1. Rapport « Média » de la Société Générale, novembre 2007.

équipes les projets de réorganisation du groupe public et le repositionnement sur le Global Média. Un dirigeant d'une des chaînes publiques raconte : « J'ai vécu des scènes hallucinantes. Un jour, alors qu'on espérait savoir ce qui se préparait, Duhamel nous a dit : "Allez-y, posez des questions." Il y a ceux qui n'osaient pas parler par peur de se faire mal voir, et les rares qui se sont exprimés ont eu droit à la plus parfaite langue de bois, parfois même sur un ton moqueur de celui qui veut faire croire qu'il sait, mais qui ne dit rien. » Ce n'est qu'en privé que beaucoup de ces cadres se sont plaints du manque d'information.

La note édifiante de la Société Générale évoque quatre solutions pour l'audiovisuel français. Premier volet : s'attaquer à la notion d'œuvre audiovisuelle et aux textes de loi relatifs à la production. « Le prix horaire des productions françaises a augmenté alors que le prix des séries américaines est plus bas, ce qui permet une rentabilité supérieure par des coûts deux fois moindres et une audience égale. La contrepartie des efforts dans la production française est mince. Cela produit des pertes importantes qui sont estimées à 50 millions d'euros par an pour TF1 [1]. » Deuxième volet : modifier la réglementation pour permettre aux chaînes privées d'augmenter la durée globale de leurs temps de publicité et récupérer le marché publicitaire venant de l'audiovisuel public. Troisième volet : procéder à des réductions de coûts à France Télévisions afin que l'enveloppe publicitaire à remplacer soit

1. Idem.

moindre. On le voit, pour des financiers, le surcoût de l'audiovisuel public est souligné sans pudeur et la réduction des charges est une évidence. Quatrième volet : la rénovation des mesures anti-concentration dans l'audiovisuel.

Dans un tel contexte, Henri Guaino, conseiller spécial de Nicolas Sarkozy, déjeune avec Patrick de Carolis le 25 octobre 2007. Tous deux sont originaires d'Arles. L'idée d'un service public sans publicité a déjà fait son chemin à l'Élysée. Le P-DG de France Télévisions est questionné sur le sujet. Henri Guaino : « Tu t'es déjà projeté dans un univers sans publicité ? » De Carolis répond : « Si c'était le cas, on donnerait à nos concurrents une formidable force de frappe [1]. » La réponse est éloquente. Le président de France Télévisions n'a pas l'air d'imaginer la possibilité d'une télévision publique sans publicité, lui qui, rappelons-le, a fondé l'essor du groupe sur le développement des recettes commerciales. Quelques jours après le repas avec Henri Guaino, le président de France Télévisions dîne aux côtés de Nicolas Sarkozy, au restaurant Chez Jean-Jean, à Ajaccio, à l'occasion de l'inauguration de la chaîne de plein exercice de France 3, Via Stella, voulue par le président de la République du temps où il était ministre de l'Intérieur. Pas un mot n'est dit concernant le projet en train de mûrir.

1. Raphaëlle Bacqué et Ariane Chemin, « Et Sarkozy zappa la pub de la télévision publique », *Le Monde*, 12 février 2008.

TF1 conseille Nicolas Sarkozy

À la mi-décembre, s'appuyant notamment sur les analyses de la Société Générale, TF1 fait passer au président de la République un rapport de cinquante-cinq pages[1]. Concernant France Télévisions, il est écrit : « Le financement du service public de l'audiovisuel devrait être clarifié. Le financement public permet à France Télévisions de mener une véritable politique de dumping entraînant une pression artificielle à la baisse du coût des écrans publicitaires et tirant l'ensemble du marché publicitaire vers le bas. Ce mode de financement mixte se révèle dangereux pour l'ensemble des acteurs commerciaux de télévision. Afin de remédier au sous-financement structurel de la télévision, il conviendrait de prendre exemple sur le modèle britannique : celui d'un service public de l'audiovisuel fort, dont les missions sont clairement identifiées et qui est financé exclusivement par des fonds publics. Cette approche aurait le mérite d'assainir le marché publicitaire français soumis enfin aux seules lois de l'offre et de la demande. Toute augmentation de la redevance pourrait être perçue comme légitime par les Français si elle leur permet de bénéficier d'un réel service public émancipé des seules contraintes d'audience. »

Les rédacteurs du rapport dressent une liste de propositions. Elles tiennent en huit chapitres. TF1 plaide pour un assouplissement des contraintes pesant sur les structures par la suppression des limitations du

1. Rapport « Les grands enjeux de la régulation dans l'audiovisuel », TF1, décembre 2007.

nombre d'autorisations en numérique, par la suppression du dispositif anti-concentration. Ensuite TF1 propose d'assouplir l'accès à la ressource publicitaire en instaurant un plafond unique de 12 minutes de publicité par heure d'horloge, en supprimant le plafond actuel de 144 minutes par jour et en autorisant une seconde coupure dans les œuvres. Au passage, la 1 préconise de redéfinir les marchés pertinents de la publicité plurimédias. Les cinquième et sixième volets sont intitulés « Libérer la programmation » et « Libérer l'approvisionnement et redonner aux diffuseurs la propriété des œuvres qu'ils financent ». Pour y parvenir, TF1 suggère l'assouplissement du quota de diffusion de films en prime time, l'assouplissement de la définition de l'œuvre audiovisuelle, la diminution du volume d'investissement dans la production indépendante française, et l'élargissement des droits de diffusion pouvant être acquis. Au-delà de la période d'exclusivité, TF1 propose que les chaînes commanditaires aient mandat pour commercialiser les œuvres avec un intéressement à définir pour les producteurs. TF1 demande aussi à l'État d'aider les chaînes à protéger leur antenne dans le cadre de l'essor du piratage, et de réserver des ressources en fréquences pour les déploiements futurs des chaînes de télévision. Pour France Télévisions, la proposition de TF1 tient en une ligne : « Financer le service public exclusivement par des fonds publics. »

Le rapport de TF1 ne peut que plaire au président de la République : il est libéral, novateur, politiquement plaisant car il permettrait de réaliser le vieux rêve culturel français d'une télévision sans publicité que même François Mitterrand n'a pas réussi à mettre en place, enfin il propose une rupture dans l'organisation du secteur audiovisuel en France.

Après la remise de ce document à l'Élysée, les représentants de l'État au conseil d'administration de France 3 émettent un avis négatif au projet de budget 2008 de la chaîne. C'était le 13 décembre 2007. Cinq jours plus tard, ce sont les représentants de l'État au conseil d'administration de France Télévisions qui s'abstiennent lors du vote pour la nomination du nouveau directeur général de France 2. La machine de déstabilisation fonctionne.

Le vendredi 21 décembre 2007 au matin, Patrick de Carolis et son bras droit Patrice Duhamel sont à l'Élysée. Ils ont rendez-vous avec Nicolas Sarkozy. Alors qu'ils attendent dans l'antichambre, Georges-Marc Benamou, à l'époque conseiller pour la culture à l'Élysée, entre et s'avance vers le président de France Télévisions. Réaction de ce dernier : « Je ne serre pas une main qui tient un poignard[1]. »

Lors de son entretien avec les deux patrons de France Télévisions, Nicolas Sarkozy est cordial et indique qu'il témoignera prochainement et publiquement de son adhésion à la stratégie de Patrick de Carolis. Les deux visiteurs partent rassurés mais, à ce moment, Nicolas Sarkozy pense déjà à l'annonce qu'il va faire dans dix-huit jours, lors de sa première conférence de presse. Aux rapports de la Société Générale et de TF1 se sont ajoutées les analyses

---

1. Révélation exclusive du site « jeanmarcmorandini.com », 22 décembre 2007.

d'Alain Minc, ancien président du conseil de surveillance et de la Société des lecteurs du *Monde*, et président d'une société de conseils. Alain Minc dit au Président : « Tu dois continuer à jouer à contre-emploi. François Mitterrand avait privatisé la télévision. Tu peux être celui qui va la nationaliser[1]. »

Et ce fut le big-bang du 8 janvier 2008 : Nicolas Sarkozy annonce que la publicité va disparaître sur le service public. Michel Boyon, président du Conseil supérieur de l'audiovisuel – qui n'est pas connu pour être l'un des plus fougueux et des plus téméraires acteurs du PAF –, estime que si l'annonce n'avait pas été faite par surprise, il ne se serait rien passé : « Il y aurait eu quarante-deux réunions de fonctionnaires, dix-huit interministérielles à Matignon, puis trois réunions de ministres qui auraient conclu que l'état des finances publiques ne permettait pas de le faire[2]. »

Début mai 2008, TF1 fait passer à la commission Copé un document qui estime que les véritables missions de service public ne représentent que 3 % des émissions de France Télévisions. TF1 affirme aussi qu'il faut mettre en place une politique de gestion prévisionnelle dans l'audiovisuel public pour améliorer la rentabilité des différentes chaînes publiques. En novembre 2008, TF1 adresse une note aux cinquante-sept députés de la commission spéciale chargés d'examiner la nouvelle loi sur l'audiovisuel. Cette fois, il s'agit d'attaquer les nouveaux entrants de la TNT qui réclament une exonération de la taxe sur les recettes

1. Raphaëlle Bacqué et Ariane Chemin, *op.cit.*
2. *Téléobs*, du 31 mai au 6 juin 2008.

publicitaires en raison de leur caractère émergent et de leur situation économique fragile. Dans la foulée, un député rédige un amendement qui reprend mot pour mot certaines demandes de la chaîne privée. La 1 va jusqu'à s'en prendre à *Plus belle la vie*, estimant qu'il ne s'agit pas d'un programme de service public.

Un gendarme pour l'audiovisuel européen

Les télévisions privées ne sont pas les seules à faire pression sur France Télévisions. Il y a aussi la Commission européenne. Au cours de l'été, l'État a été contraint de soumettre à l'accord de la Commission sa volonté d'injecter 150 millions d'euros en capital dans France Télévisions.

L'Europe veille, l'Europe surveille, l'Europe encadre[1]. En 1996, la France avait été rappelée à l'ordre par la Commission pour son renflouement de la Société française de production. En 2007, la Commission européenne a exigé du gouvernement espagnol qu'il efface les 7,8 milliards d'euros de pertes cumulées de la RTVE dans un délai de quatre ans. Les télévisions publiques du Danemark et des Pays-Bas ont elles aussi été contraintes de rembourser des aides de l'État jugées incompatibles avec leurs missions. Depuis des années, les médias privés allemands dénonçaient la concurrence des groupes publics qui, avec la manne de la redevance, ont développé des activités sur Internet alors même que, selon eux, le web

1. L'activité de l'Union européenne en matière d'audiovisuel et de média est présentée en détail sur Internet : http://europa.eu/scadplus/leg/fr/lvb/l26099.htm

constitue la survie financière du secteur privé des médias. Les Länder allemands ont fini par céder en prévoyant que les télévisions publiques ne développent plus d'activités qui touchent au domaine commercial.

La Commission européenne est soutenue dans sa vigilance par l'Association des télévisions commerciales européennes (ACT, Association of Comercial Television in Europe) qui estime à 22 milliards d'euros le montant des fonds publics distribués à travers l'Europe à des télévisions publiques en faussant la concurrence sur le marché. L'ACT réclame que les diffuseurs publics soient placés sous la surveillance d'un régulateur indépendant doté de pouvoirs de contrôle, notamment dans le champ des nouveaux médias, pour évaluer les surcompensations potentielles accordées.

Au total, au cours des dernières années, à la suite de plaintes d'opérateurs privés, une vingtaine de décisions ont été prises par la Commission européenne concernant de possibles distorsions de la concurrence. En janvier 2008, celle-ci a lancé une consultation auprès des États membres, afin de « fournir une orientation sur la méthode d'appréciation du financement des services publics ». Elle souhaite que le secteur public de l'audiovisuel remplisse scrupuleusement des missions d'intérêt général qui puissent justifier un financement étatique. Le 4 novembre 2008, la Commission européenne a lancé une deuxième consultation sur les aides d'État à l'audiovisuel public dans le nouvel environnement numérique. L'enjeu est colossal : il s'agit de déterminer la marge de manœuvre des groupes publics en matière de diversification dans les services linéaires et non linéaires payants sur les nouvelles plates-formes numériques. Ainsi apparaît-il à tout le moins imprudent d'élaborer les futurs budgets de France Télévisions avec des recettes provenant de nouveaux services que la Commission européenne n'acceptera peut-être pas.

Autres interrogations : les émissions jeux sur les antennes de France Télévisions relèvent-elles du service public ? Sont-elles proposées à un juste prix ? Peuvent-elles bénéficier d'argent public conformément à l'esprit qu'entend voir respecté la Commission européenne ? Lorsque France 3 oriente ses antennes régionales vers la création de vingt-quatre webtélés, est-ce une satisfaction de besoins sociaux, démocratiques et culturels au sens des exigences de la Commission européenne, ou s'agit-il d'une distorsion de la concurrence ?

Et pourquoi n'écouterait-on pas un peu plus l'avis des téléspectateurs-contribuables-actionnaires de la télévision publique ? On le sait, les trois types d'émissions plébiscitées pour le service public sont, dans l'ordre, les documentaires, les émissions culturelles et les journaux d'information, tout juste ce que préconise la Commission européenne. Les jeux télévisés viennent en dernière position, avec seulement 9 % des réponses [1].

Tous les coups sont permis

Sur les neuf premiers mois de l'année 2008, TF1 a réalisé 95 des 100 meilleures audiences. Toutes

1. Sondage *Le Parisien*/CSA, « Les Français et la télévision publique », juin 2008.

chaînes confondues, l'audience globale est à la baisse. Elle est passée de 31,6 % en 2006 à 26,1 % en novembre 2008. Et même si la 1 reste leader du marché publicitaire télé, ses recettes n'ont progressé que de façon infime en 2007, ses coûts sont plus élevés que ceux d'autres télévisions privées européennes cotées en bourse et sa marge est inférieure, son coût de grille est trop élevé, l'information coûte trop cher, tout comme la régie publicitaire.

TF1 paye aujourd'hui les erreurs d'hier. Patrick Lelay et Étienne Mougeotte, les anciens dirigeants de la chaîne, n'ont pas cru à la percée de la TNT.

Pour rattraper les retards et tenter de rétablir la situation, une mutation à marche forcée a été engagée avec le développement de la régie publicitaire sur de nouveaux supports, la nomination d'un directeur des achats chargé de passer au peigne fin les frais généraux et le rapprochement des rédactions de TF1 et de LCI. Tout en réalisant des économies, TF1 doit également se développer avec la vidéo à la demande, la télévision de rattrapage, de nouveaux sites Internet, la radio numérique terrestre dans dix-neuf bassins de diffusion ou encore des journaux gratuits dans les villes universitaires. Malgré ce travail « sous la mitraille[1] », le résultat net du groupe a été en repli de plus de 33 % sur les neuf premiers mois de 2008, le chiffre d'affaires a été en retrait de 4,6 %, les recettes publicitaires ont été en baisse de 3,3 %[2].

1. Propos de Nonce Paolini, P-DG de TF1, *La Tribune*, 13 novembre 2008.

2. Chiffres communiqués au conseil d'administration de TF1, 13 novembre 2008.

La situation est si tendue que tout est bon à prendre. Le lobbying autour de la fin de la publicité sur le service public n'est qu'une partie de l'histoire. En août 2008, TF1 s'est mis à réfléchir à la vente de sa filiale de droits audiovisuels, et, à la mi-2008, la chaîne a manifesté sa volonté de retirer son actionnariat de France 24. Avec un apport de 17 500 euros dans le capital, TF1 espérait récupérer 45 millions d'euros. Cela se limitera finalement à 2 millions d'euros en provenance de l'État.

Ailleurs, ce n'est pas mieux. Par souci d'économie, M6 a fermé ses bureaux en province ; NRJ Groupe a annoncé un recul de près de 3 % de son chiffre d'affaires au troisième trimestre 2008 ; le groupe RTL a revu ses prévisions à la baisse. Plus généralement, si les nouvelles chaînes de la TNT voient leurs audiences augmenter, ainsi que les investissements publicitaires en leur faveur, elles sont confrontées à des dizaines de millions d'euros de pertes. Par exemple, de 35 à 40 millions d'euros de pertes pour NRJ, autant pour les deux chaînes de Lagardère Active, Gulli et Virgin 17 [1].

La situation est d'autant plus tendue que les évolutions numériques ont fait émerger un nouveau concurrent surpuissant : Orange. Le poids de TF1, de M6 ou de Canal Plus fait figure de poussière face au 53 milliards de chiffre d'affaires du groupe Orange fort de 172 millions de clients télécom sur les cinq continents, 110 millions de clients mobile et 12 millions de clients ADSL. Quant au chiffre d'affaires de

1. Chiffres dévoilés par Satellifax, 17 novembre 2008.

France Télévisions, il représente moins de 40 % de la seule capacité d'autofinancement d'Orange.

Orange veut réinventer la télévision par ses trois écrans, par l'éditorialisation de ses contenus et par une forte dimension participative. Le 3 juillet 2008, l'opérateur a élargi son offre triple play (télévision, téléphonie, Internet) à plus de 98 % des foyers français grâce à une technologie mixte ADSL et satellite. Puis il a lancé la chaîne Orange Foot, grâce à l'achat d'une partie des droits de la Ligue 1. Et le 13 novembre 2008, ce fut Orange Cinéma Séries, un bouquet de cinq chaînes, pour une offre présentée comme un tournant : la fin de la diffusion linéaire au profit d'un service interactif. Sélection, téléchargement, rattrapage, transfert de contenus, voilà le nouveau défi.

Orange développe aussi des expérimentations de télévision haute définition en relief et accélère les recherches et investissements dans les nouveaux services. Le 28 octobre 2008, l'opérateur a ouvert une « health gallery », galerie santé, à Issy-les-Moulineaux pour y présenter une multitude de produits destinés tant aux particuliers qu'aux médecins, hôpitaux, cliniques, maisons de retraite, etc. Il est loin le temps où Orange proposait le téléphone. Aujourd'hui, le groupe est partout avec ses technologies d'information et de communication, au point de proposer un site Internet dédié à ses innovations[1].

En défendant, le 15 avril 2008, sa candidature devant le CSA pour la future télévision mobile personnelle, Orange s'est aussi présenté comme le nouveau champion de la création audiovisuelle et comme

1. http://www.orange-innovation.tv

le défenseur de tous les sports. Patrick Chêne, associé à Orange pour la production de contenus, explique : « Nous sommes la chance de tous les sports, nous avons des contacts avec 72 fédérations sportives, ce qui fera 150 disciplines, là où les chaînes historiques en proposent 7 ou 8[1]. »

Preuve supplémentaire : le groupe Orange est devenu partenaire-titre du championnat de France de rugby, le Top 14, en achetant pour quatre ans les droits de diffusion en différé de tous les matchs du championnat, en vidéo à la demande en intégralité ou en résumé, sur la TV d'Orange et sur ordinateur individuel via orange.fr.

« Franchement, dans un tel paysage déjà extrêmement difficile pour les chaînes privées historiques mais aussi pour les nouveaux venus, comment voulez-vous que France Télévisions avec ses lourdeurs, ses archaïsmes, ses combats d'arrière-garde, et le retard pris, s'en sorte ? » Le constat est violent. Les propos sont ceux d'un cadre important de France Télévisions.

---

1. Audition devant le Conseil supérieur de l'audiovisuel, 15 avril 2008.

Une chaîne déjà en sursis

Des succès

Voici l'incroyable histoire de France 3, une chaîne de télévision ballottée, malmenée, tirée à hue et à dia. Certains jours elle donne le sentiment de se saborder, d'autres jours elle semble perdue dans l'océan du PAF, d'autres jours encore elle est saisie d'un sursaut d'orgueil. Ainsi, France 3 est devenue le maillon faible de France Télévisions. Attention : coups bas, chausse-trapes, mensonges et trahisons au menu.

D'abord le cadre général. France 3 est depuis 2000 la chaîne préférée des Français et constitue un réseau régional unique en Europe, envié par de nombreux pays. Les sites web régionaux de la chaîne arrivent régulièrement dans le peloton de tête des sites les plus visités de France Télévisions. Autre succès, France 3 est la seule chaîne à avoir réussi le pari du feuilleton quotidien : démarrée à 7 % d'audience en septembre 2004, *Plus belle la vie* a atteint un niveau record de 23 %, mille épisodes plus tard, mieux que le JT de France 2. Comme dirait Jean-Marc Morandini : « Ça dépoussière un peu France 3 [1]. » Et n'oublions pas le rôle essentiel que joue France 3 dans le secteur des documentaires et de l'animation jeunesse.

1. Déclaration dans « Le grand direct », Europe 1, 18 novembre 2008.

Des échecs

Le revers de la médaille...

Sur le plan éditorial, les faiblesses ont été pointées par une étude de la chaîne : « L'excès de didactisme et de rigueur, la raideur, le manque de vitalité dans l'animation des débats, le manque de dynamisme par excès de lenteur, le manque de narration, le risque du passéisme, le déficit de personnalité éditoriale [1] ».

Sur le plan économique, France 3 est la chaîne la plus onéreuse de France Télévisions. Sur les 79,59 euros de chaque redevance qui vont au groupe public, France 3 en consomme la plus grosse part avec 35,26 euros [2]. Un montant qui s'explique en partie, mais en partie seulement, par l'implantation de la chaîne sur l'ensemble du territoire à travers treize directions régionales. De toutes les chaînes de télévision confondues, privées et publiques, France 3 est celle qui perd le plus d'annonceurs publicitaires [3].

France 3 est aussi la chaîne qui compte le plus de salariés, presque la moitié des effectifs de tout le groupe public. Les programmes nationaux coûtent près de 50 % plus cher que les programmes régionaux, l'information nationale coûte 68 % plus cher que l'information régionale. Avec une enveloppe de 415 millions d'euros consacrés aux programmes

1. Cabinet WSA, « Analyse sémiologique des tranches régionales de France 3 », mars 2005.

2. « La répartition de la redevance en France », présentation sur le site web de la commission Copé.

3. Selon l'institut Yacast, baisse de 9,7 % des annonceurs sur les quatre premiers mois de 2008.

nationaux, l'antenne nationale de France 3 ne peut pas rivaliser avec France 2 qui dispose de 780 millions d'euros, avec un volume horaire de programmes équivalent. C'est ainsi que la 3 en est réduite à diffuser *Derrick*, « Intervilles » et une kyrielle d'autres vieilleries au point qu'à certains moments le téléspectateur peut avoir le sentiment d'être monté dans une machine à remonter le temps et de se retrouver à l'époque de l'ORTF. Au détour d'une chronique sur France 2, Guy Carlier a déclaré : « Toutes les émissions de France 3 sont classées substances illicites ramollissantes et donc interdites aux sportifs [1]. »

France 3 a longtemps pu se prévaloir d'être la chaîne publique résistant le mieux à la montée des chaînes du câble, du satellite et de la TNT. Mais ce temps-là est aussi révolu. L'audience de France 3 baisse de façon inquiétante, au point que certains prédisent déjà que M6, quatrième chaîne en termes d'audience, pourrait ravir la troisième place à France 3 [2].

L'un des drames de France 3 réside dans la dualité de son positionnement éditorial : une chaîne généraliste nationale à dimension régionale. La posture est toute à la fois impossible à tenir et onéreuse. Le législateur n'a jamais tranché clairement, les dirigeants de l'audiovisuel public naviguent à vue.

La place des émissions régionales, leur durée et les horaires de diffusion sont définis par la direction

---

1. Billet d'humour « Limite hors jeu », France 2, 15 août 2008.
2. *Le Point*, 1er novembre 2008.

nationale de la chaîne. Les directions régionales ne sont que les exécutantes des décisions parisiennes. Depuis toujours au sein de France 3, les conflits existent entre les programmes nationaux et les programmes régionaux. Le combat se focalise autour des créneaux de diffusion attribués. Tout patron régional de France 3 qui se respecte est habité par le souci d'offrir toujours plus de programmes de proximité à son public. Sauf que c'est Paris qui décide.

Il y a quelques années, une direction régionale avait par exemple réussi à arracher de haute lutte à Paris du temps d'antenne les dimanches après-midi pour y placer des spectacles vivants régionaux. Ce fut un succès d'audience, mais cela ne dura pas, la direction parisienne de l'antenne reprit le créneau. La question de la place du service public de télévision en régions est d'autant plus cruciale avec l'apparition de la concurrence télévisuelle à travers les télévisions locales privées et les webtélés régionales. Sont en jeu les questions du pluralisme, d'aménagement du territoire et de la place de la création audiovisuelle dans les régions.

S'ajoute un invité permanent : la classe politique régionale. Elle tient à la télévision régionale comme à la prunelle de ses yeux, tant celle-ci lui semble encore être la meilleure caisse de résonance des actions de ses membres et de ses territoires. D'ailleurs, les managers de France 3 sont tétanisés devant le moindre maire de grande ville, député ou sénateur, et ne parlons pas des membres du gouvernement ou de l'Élysée. Là où dans la presse quotidienne régionale, l'intervention d'un parlementaire est accueillie avec fermeté et détermination, à France 3 on tremble, on courbe l'échine, on déroule le tapis rouge. Et pour avoir la paix, le plus souvent, on fait quelques concessions. L'époque Peyrefitte a de sérieuses survivances en province.

Entre 1999 et 2005, Rémy Pflimlin, directeur général de France 3, s'était lancé dans un ambitieux projet de doublement des heures de programmes régionaux à l'horizon 2008. La démarche était à la fois éditoriale et économique : affirmer la différenciation de France 3, mieux gérer la chaîne en s'appuyant sur les effectifs implantés à près de 75 % dans les directions régionales. Mais voilà, en 2005, Patrick de Carolis est arrivé. Il a fait stopper le plan de développement en cours et accusé les programmes régionaux de tous les maux. « France 3 a perdu près de 18 millions d'euros de recettes publicitaires en 2005 en raison de l'érosion de l'audience des programmes régionaux proposés aux téléspectateurs [1]. »

Pas sûr non plus que la majorité présidentielle ait fondamentalement envie d'accorder une bonne place à la télévision régionale : 21 des 22 régions administratives françaises sont détenues par la gauche. À moins de leur faire un cadeau empoisonné, dans le style : « Ah, vous voulez des télés régionales publiques, alors prenez-les, gérez-les et débrouillez-vous s'il y a des difficultés financières ! »

Chronique d'un fiasco

Au-delà du cadre général et des stratégies de haut vol qui permettent toutes les supputations, au quotidien, le rapport de force entre les programmes nationaux et régionaux est permanent. Il provoque des

1. Commission des affaires culturelles du Sénat, 17 octobre 2006.

gabegies, des luttes de pouvoir, des manœuvres, une baisse de motivation des salariés et, au final, une perte de crédibilité de la chaîne. Démonstration en remontant le fil de l'histoire des trois dernières années...

Le 27 février 2006, vingt-quatre journaux régionaux sont mis à l'antenne à midi. C'est le nouveau « 12-13 ». Mais du coup, exit les programmes régionaux d'une durée plus importante qui étaient proposés à la même heure. Évidemment c'est un tollé, en particulier chez les élus régionaux. La directrice générale de la chaîne écrit : « L'action de France 3 consiste plus que jamais à renforcer dans toutes les régions cette information de proximité dont la vocation est d'animer la vie démocratique de notre pays [1]. » Le raisonnement est singulier : l'assiette servie est moins copieuse, mais je vous ensorcelle pour vous faire croire que vous mangerez plus. Personne ne fut rassasié. Six sénateurs déposèrent même un amendement afin de faire de France 3 la télévision publique de proximité par excellence [2]. L'amendement n'a pas été retenu, mais la suite est imparable.

Pour la grille des programmes 2006-2007, la direction générale de France 3 invente l'émission « C'est mieux le matin ». Le concept : une émission de services, d'aide à la vie quotidienne, à réaliser dans douze

1. Lettre de Geneviève Giard, directrice générale de France 3, à Adrien Zeller, président de la région Alsace, 24 février 2006.

2. Amendement à la loi du 30 septembre 1986 relative à la liberté de communication déposé par les sénateurs Grignon, Richert, Sittler, Troendlé, Haenel et Keller, 20 novembre 2006.

directions régionales. Jusque-là, les directions régionales étaient globalement libres de placer ce qu'elles considéraient comme le plus adapté dans les créneaux horaires attribués par Paris. Désormais, elles sont contraintes de mettre en musique un programme dont la partition a été écrite par la direction nationale. Pire encore : les directions régionales doivent faire de l'audience à une heure où, d'une part, l'antenne nationale n'a jamais trouvé un programme fédérateur et où, d'autre part, le public régional est plus occupé à faire ses courses, son ménage, son potager qu'à regarder la télévision. Et comme s'il fallait encore fixer d'autres handicaps, la programmation décidée par Paris est pour le moins singulière : les lundis, mardis, jeudis et vendredis, mais coupure pendant les dix semaines de vacances scolaires. Voici donc une impossible fidélisation du maigre public disponible avec une diffusion en pointillé. Pour couronner le tout, la direction parisienne impose un concept de décors : « Quelque chose comme un appartement ouvert sur l'extérieur ». Et voilà une dépense de plus, de l'ordre de 2 millions d'euros.

Dès l'origine, comme on s'y attendait, le public n'est pas au rendez-vous de « C'est mieux le matin », à part en Limousin-Poitou-Charentes. France 3 fait donc appel à une société privée pour réaliser une étude qualitative[1]. Le rapport de cinquante-cinq pages est à certains égards accablant : la faiblesse de l'identité visuelle de la nouvelle émission donne le sentiment d'un manque de professionnalisme et de

1. Étude qualitative WSA, décembre 2006.

moyens ; son titre frappe par son manque de singularité ; l'animation est déficiente ; la fonction de service est prise en défaut ; l'émission est un fourre-tout.

Alors que tout était à refaire, ou qu'il fallait arrêter l'émission, la direction parisienne de la chaîne change le générique. Le plus sérieusement du monde, elle assure que cela devrait faire gagner des téléspectateurs. En réalité, les seuls qui gagnent quelque chose dans l'affaire sont les dirigeants de la société de production privée qui, pour la deuxième fois en un an, obtiennent la commande d'un « habillage ». L'objectif initial était de réaliser 12 % de part d'audience. Ce fut 7,9 % les trois premiers mois de la saison 2006-2007. Cela n'empêcha pas certains animateurs de réclamer une augmentation de leurs cachets.

Au début de l'année 2007, un séminaire est organisé à Paris pour examiner la place des documentaires dans les grilles des programmes des treize antennes régionales. Ces documentaires sont l'expression de la vie des provinces et le reflet du travail des créateurs et des producteurs locaux. Par sa politique volontariste en la matière il y a une dizaine d'années, France 3 a d'ailleurs favorisé l'émergence d'un tissu de sociétés de production en régions. Mais, depuis quelques années, ces films perdent de l'audience. Diffuser des documentaires le samedi en milieu d'après-midi n'apparaît plus très judicieux. L'idée de certains cadres régionaux de la chaîne est d'obtenir d'autres créneaux horaires, par exemple en deuxième partie de soirée. Le séminaire est expédié en une journée. Il ne débouche sur rien sinon sur le constat du problème d'audience. Pour le reste, on verra plus tard. Un grand classique à France Télévisions.

Éliminations politiques ?

Ceux qui se rebiffent en défendant résolument les programmes régionaux en sont pour leurs frais. Cela a été le cas pour le responsable des programmes de France 3 Corse et pour celui de France 3 Alsace. Ils ont tous deux été licenciés. Les deux affaires n'ont jamais été révélées, ni au grand public, ni même aux salariés de France Télévisions.

L'Alsace et la Corse ont en commun des particularismes, une identité territoriale marquée et une histoire singulière qui rendent tout particulièrement légitime l'idée d'une télé régionale forte. À l'époque de la présidence de Marc Tessier, il avait été décidé de mener une expérience de télévision régionale de plein exercice, sur le câble en Alsace et par satellite en Corse.

Après beaucoup d'efforts et pas mal d'investissements, le cabinet d'Édouard Balladur a mis un terme à la démarche alsacienne. L'aventure corse, elle, s'est poursuivie par la volonté personnelle de Nicolas Sarkozy. Celui qui était alors ministre de l'Intérieur et dont on connaît l'attachement à l'île de Beauté n'a jamais lâché le dossier. Le 28 avril 2006, en signant la convention portant création de Via Stella, il a affirmé : « Il faut une chaîne de télévision dédiée à la Corse. On est au cœur des missions de service public, si on a de cette mission une lecture ouverte et intelligente. La Corse doit se faire connaître au lieu de laisser les autres parler d'elle. »

Malheureusement, comme toujours à France Télévisions, les choses n'ont pas été aussi simples. Paris a toujours eu peur que l'exemple de la Corse suscite des envies dans d'autres régions. Le projet de télévision corse de plein exercice était, selon Sampiero Sanguinetti, directeur des antennes de France 3 Corse, « en décalage total, de plus en plus flagrant, avec les nouvelles orientations de la politique de France 3 en régions. Soit il fallait nous demander, et me demander, d'arrêter. Soit il fallait admettre et proclamer clairement que la Corse serait une exception et qu'on aiderait cette exception à exister réellement[1] ». La chaîne Via Stella a fini par être lancée le 30 octobre 2007, mais sans Sampiero Sanguinetti. Il a été licencié pour « déloyauté », une accusation qui n'a pas résisté devant les prud'hommes. Depuis des mois, il bataillait. « Nous nous sommes trouvés coincés entre la force des engagements et le poids d'un immobilisme, de ralentissements ou de blocages incompréhensibles[2]. » Son franc-parler et son engagement dans le dossier ont déplu. Sur l'île, où Sampiero Sanguinetti est considéré comme un pionnier de la télévision régionale, son limogeage a été vécu comme une sanction politique.

Son homologue de France 3 Alsace a lui aussi fait les frais de son engagement pour la télévision régionale. « À mon arrivée à France Télévisions, après l'échec du projet de télévision de plein exercice sur le câble et face au désengagement progressif de ma chaîne en régions, j'ai développé un projet spécifique. Pour tenter de mettre un coup d'arrêt à mes velléités,

1. « Mise en orbite agitée de la chaîne corse Via Stella », sur le site Écrans de « Libération.fr », 3 septembre 2007.
2. Idem.

on m'a immédiatement indiqué que je ne bénéficierais d'aucune aide financière de la chaîne. Cela devait sonner comme une équation impossible. Sauf que la collectivité régionale s'est déclarée prête à apporter une aide de 150 000 euros. Pourtant le dossier a traîné à Paris des jours, des semaines et des mois. Convaincu que la direction générale de France 3 et France Télévisions n'accorderaient jamais l'autorisation pour mener l'expérimentation, j'ai joué la carte politique. J'ai activé mes relations privilégiées entretenues de longue date avec de nombreux élus. L'un d'eux, intéressé par le projet et vieil ami de Jacques Chirac, n'a pas hésité à intervenir à l'Élysée. C'était au printemps 2007, juste avant les élections présidentielles. C'est ainsi que le plus haut sommet de l'État a donné ordre à France Télévisions d'accorder du temps d'antenne supplémentaire à France 3 Alsace. Patrick de Carolis n'a jamais pardonné ces liens jusqu'au sommet de l'État, même si l'opération n'a rien coûté à la chaîne et si elle a été un succès d'audience. Les audiences régionales ont été supérieures de 30 % aux audiences nationales pour la même case. Sans doute que ce succès était d'autant plus gênant : la démonstration venait d'être faite que de la télévision régionale en prime time, avec des montages financiers rénovés et des partenariats bien compris, pouvait être un succès. C'était alors à l'opposé des choix initiés par le président de France Télévisions. » Exit donc le responsable des programmes de France 3 Alsace, avec, en guise de motif de licenciement, le désaccord avec la direction.

Des caisses vides

Pendant ce temps, au cours de l'été 2007, Geneviève Giard fait préparer à ses équipes une lettre pour les parlementaires. Cela donne, dans le texte : « France 3 va renforcer sa position de leader en matière de télévision de proximité. France 3 revendique plus que jamais sa vocation régionale, sur laquelle se fonde largement la relation privilégiée qu'elle a su tisser avec les téléspectateurs. »

Mais, au moment où le sympathique courrier est écrit, la décision a déjà été prise de réduire la place des programmes régionaux dans la grille des programmes 2007-2008. L'émission culturelle régionale mensuelle est supprimée, la case historique des programmes régionaux du samedi après-midi est réduite, au motif que la qualité des productions régionales n'est pas suffisante pour faire de l'audience. On est bien loin de la démarche des directeurs régionaux de programmes engagée quelques mois plus tôt. On appelle cela un pervers retournement de situation.

Alain Vautier, directeur des antennes de France 3, retire aussi de l'antenne nationale l'émission quotidienne « Bon appétit bien sûr » de Joël Robuchon et demande aux treize antennes régionales de remplir la case laissée vacante. Regroupées en trois groupes, elles sont chargées de financer et de fabriquer trois émissions culinaires différentes, portant le même nom, à la même heure. L'un ou l'autre directeur régional ou responsable d'antenne relève l'incohérence du financement de trois émissions au lieu d'une. Réponse d'Alain Vautier : « Vous le savez bien, il faut fournir du travail aux équipes techniques et garantir la paix sociale. »

Les régions doivent débourser chacune de l'ordre de 200 000 euros pour la saison, soit une facture de l'ordre de 2,5 millions d'euros, sans compter les moyens techniques et humains de la chaîne, là où le tiers aurait suffi avec une seule émission. Il faudra attendre mai 2008 pour que la direction de France 3 finisse par admettre le gâchis et opte pour une seule émission facturée 700 euros par jour et par région.

Avec tout cela, on observera qu'il n'a pas été question du contenu de l'émission, si ce n'est que son nom a été fixé dès le départ : « Côté cuisine ». La réflexion a lieu en fin de journée autour de quelques bières dans un bar. Là, l'un des directeurs des programmes régionaux explique qu'il a vu une émission intéressante à la télévision autrichienne. Cinq personnes s'invitent mutuellement, préparent un repas et sont notées. Celui qui obtient les meilleures notes au terme de la semaine gagne 1 000 euros. L'intervenant explique à quel point il considère qu'une émission de ce type s'inscrit bien dans le slogan de France 3, « De près on se comprend mieux ». Il détaille une adaptation possible avec des candidats de toute la France pour découvrir les terroirs et développer une émulation entre les régions. L'un des membres de l'armée mexicaine qu'est la direction des antennes régionales à Paris coupe court : « C'est trop compliqué, à France 3 on ne sait pas faire cela. » Pas d'étude approfondie, pas de réflexion financière, pas d'analyse du succès du concept à l'étranger, c'est non, voilà tout, sur un coin de table de bistrot, en deux temps trois mouvements.

Le programme dont ne voulait pas France 3 est mis à l'antenne par M6 sous le titre « Un dîner presque parfait ». Depuis, il ne cesse de battre des records d'audience en malmenant la première partie de la tranche d'information de la 3 et l'access prime time de la 2. Le 13 novembre 2008, l'émission de M6 frôlait les 40 % de part d'audience chez les ménagères de moins de 50 ans. Mieux que l'audience de France 2 et de France 3 réunies. Le programme est aussi un succès commercial. Diffusé précisément dans une tranche horaire où le service public est encore autorisé à proposer de la publicité, il rapporte à M6 34 800 euros par tranche publicitaire de trente secondes, exactement le coût de l'émission [1]. Pendant ce temps « Côté cuisine », dans des concepts vus et revus, n'a pas réalisé plus de 10 % de part d'audience la première année et encore moins la deuxième année. La démonstration que décidément les régions coûtent trop cher avance.

Des audiences en berne

Arrive le mois de juillet 2007. France 3 est confrontée à un autre gros problème : l'érosion d'audience de ses journaux d'information le midi et le soir, à Paris comme en province. Une étude, encore une, est confiée à un cabinet parisien. On le sait, France 3 adore demander conseil à des sociétés privées, souvent les mêmes et toujours très onéreuses, alors que le groupe France Télévisions possède un conséquent service des études.

---

1. Article d'Emmanuel Berretta, *Le Point*, 21 novembre 2008.

Les conclusions d'un document de seize pages sont sans appel : « La tranche d'information est trop longue, monotone, dépourvue de rendez-vous saillants et clairs, avec une structure globale complexe, confuse et répétitive qui ne respecte pas suffisamment les règles propres aux tranches d'information dignes de ce nom [1]. »

Voilà donc du travail en perspective pour les journalistes de France 3. Voilà de quoi repenser le journal, la structure, la forme, le fond. Mais à l'heure où il s'agissait de faire des économies, la direction de France 3 passa commande de nouveaux décors pour les journaux télévisés. Et non pas un ou deux décors ici ou là, mais un nouveau décor pour les vingt-quatre journaux régionaux, plus un décor pour le journal national. Coût : 100 000 euros par décor, plus les habillages, plus les frais annexes, plus l'adaptation des lumières. Au total, une somme de plus de 3 millions d'euros, rien que pour la forme, sans avoir touché aux contenus. Tant pis si dans certaines régions les décors n'avaient pas plus d'un ou deux ans. Ils partent à la casse.

Dans la foulée des nouveaux décors, l'audience des journaux de France 3 connaît son niveau le plus faible depuis vingt ans [2]. De plus, entre « C'est mieux le matin », « Côté cuisine » et les nouveaux décors de l'information, les charges financières sont de plus en plus lourdes pour les directions régionales. Veut-on

1. Institut Think Out, étude qualitative sur la « Perception du "19/20" par ses téléspectateurs », juillet 2007.

2. Direction des études de France 3, 14 avril 2008.

les rendre exsangues ? Dépenser de façon délibérée des sommes folles en pleine période de difficultés financières ne peut qu'apparaître suspect. D'autant que, du côté des recettes, une curieuse décision est prise...

Le 30 octobre 2007 Alain Vautier, directeur des antennes de France 3, adresse une note aux directeurs régionaux et aux responsables d'antenne relative à une nouvelle organisation en matière de programmes courts. Les programmes courts sont placés dans les grilles des chaînes de télévision pour apporter une plus-value éditoriale, permettre des ajustements horaires et pour engranger des recettes complémentaires par le parrainage commercial.

Sur le réseau régional de France 3, grâce à l'action de certains directeurs, les recettes de parrainage ont fortement progressé en 2007 : + 30 % pour France 3 Méditerranée, + 16 % pour France 3 Sud, + 9 % à Paris. Cela n'empêche pas Alain Vautier d'ordonner une réduction du nombre de programmes courts parrainés dès le 7 janvier 2008 et de soumettre tout projet de programme court régional à un strict contrôle de la direction parisienne. Il veut « fluidifier » l'antenne et éviter son saucissonnage par une accumulation de petites séquences.

Certains cadres de France 3 dénoncent l'incohérence de la décision. Des salariés de la régie publicitaire crient à la faillite. En 2007, 280 contrats de parrainage avaient été conclus pour des émissions diffusées sur le réseau régional, contre 186 contrats pour des émissions sur le réseau national, alors que les espaces pour les parrainages régionaux sont moindres. Rien n'y fait. Alain Vautier reste inflexible. Un peu plus tard, le groupe public a pourtant annoncé qu'il comptait développer les recettes tirées du parrainage en 2009. Où est la cohérence ?

Cela n'empêche pas Geneviève Giard, directrice générale de France 3, de déclarer devant les députés : « Il faudrait être fou pour renoncer à l'identité régionale de France 3. Le réseau régional sur lequel la chaîne a été bâtie, unique en Europe, lui permet de mieux résister que les autres chaînes aux baisses d'audience. Si le directeur général n'en tenait pas compte, il faudrait le remplacer[1]. »

Des revendications

Débutent ensuite, en février 2008, les réflexions de la Commission pour la nouvelle télévision publique présidée par Jean-François Copé. Le positionnement éditorial de France 3 fait débat. Catherine Morin-Desailly, sénatrice de Seine-Maritime, estime qu'en « affirmant sa dimension régionale, France 3 gagnerait en lisibilité en se distinguant de France 2[2] ».

Jean Dionis du Séjour, député d'Agen, autre membre de la commission, va dans le même sens. Il écrit : « Il y a un défi pour produire de l'information locale à forte audience dans un pays qui comprend 22 régions, 96 départements, 400 pays et 36 000 communes. France 3 doit relever ce défi. Les

1. Intervention devant la Commission des affaires culturelles, familiales et sociales de l'Assemblée nationale, 25 septembre 2007.

2. Rapport de la Commission pour la nouvelle télévision publique, 25 juin 2008.

équipes doivent être réorganisées pour être plus petites, voire individuelles, plus nombreuses, plus mobiles et plus polyvalentes et se rapprocher le plus possible des bassins de vie, et au minimum du maillage départemental[1]. »

Adrien Zeller, président de la région Alsace, apporte lui aussi sa contribution, suite logique du combat pour la télévision régionale qu'il mène depuis de longues années. Ses propositions : fournir plus de travail aux personnels de France 3 en régions, en sous-activité chronique, supprimer les programmes nationaux qui ne s'inscrivent pas dans des missions strictes de service public, décentraliser la gestion de la chaîne. La conclusion est iconoclaste, argumentée et chiffrée : « Une régionalisation effective de France 3 permettrait d'économiser 300 millions d'euros dans le budget de la chaîne. » Dans la foulée, le Conseil supérieur de l'audiovisuel accrédite l'analyse : hors information, « les programmes régionaux ne représentent que 7 % de la grille annuelle des programmes de la chaîne[2] ».

Des incohérences

Le 19 juin 2008, France 3 inaugure à Foix la centième implantation du réseau France 3 grâce à un soutien du conseil général d'Ariège et du conseil régional de Midi-Pyrénées. Le discours officiel est imparable : regardez comme nous nous intéressons à

1. Idem.
2. Observations et propositions du Conseil supérieur de l'audiovisuel concernant la ligne éditoriale des chaînes de France Télévisions, 16 juin 2008.

la vie des régions et voyez comme nous sommes les champions de la proximité. Sauf que, là encore, il y a les non-dits. Pour des raisons de disponibilité de fréquences, toutes les locales ne sont pas accessibles par tous les téléspectateurs ! Et au moment où, d'un côté, France 3 investit en régions, de l'autre côté, la chaîne serre la vis à ses directions régionales.

Les treize directions régionales sont tenues de réduire d'une à deux unités les commandes de documentaires. Chacune doit rendre à Paris de l'ordre de 150 000 à 200 000 euros de son budget 2008. Pour y parvenir, France 3 Aquitaine arrête les actions de formation, France 3 Lorraine ferme un temps les rédactions locales de Metz, Nancy et Reims. Un cadre de la chaîne témoigne de sa colère : « C'est tellement simple vu de Paris d'étrangler les régions. » Et l'histoire ne s'arrête pas là...

Le 10 juillet 2008, la direction de France 3 trace les évolutions de la chaîne pour ses responsables de programmes. « On garderait prioritairement une offre d'information en régions. Si on doit faire des arbitrages, la marque forte en régions, incontournable, c'est l'info. Il faudra donc maintenir l'info, et si le budget le permet, faire une offre de programmes[1]. » En clair, cela signifie que la place des treize directions régionales se limite à l'information. Et en plus clair encore : pour ne faire que de l'information en régions, les moyens humains finiront évidemment par être jugés excessifs. Mais tout cela n'est pas exposé aux

1. Réunion des directeurs des programmes régionaux de France 3, Paris, 10 juillet 2008.

salariés de France 3, jamais non plus ces intentions ne filtrent dans la presse. Comme l'arrêt du recours aux intermittents, c'est là une bombe. Une bombe pour les élus régionaux de France qui, pour certains, rêvent toujours d'une présence forte du service public de l'audiovisuel sur leur territoire. Une bombe aussi pour les milliers de salariés de France Télévisions implantés en régions qui peuvent légitimement se faire du souci pour leur avenir.

Un autre élément est sans équivoque sur les choix de France Télévisions. Il figure dans un document de France 3, daté de juin 2008. Les cadres sont soumis à un régime de « part variable ». Chaque année, ils se voient fixer des objectifs par leur supérieur direct. Pour la saison 2008-2009, la direction générale a fixé cinq nouveaux objectifs. La seule mention relative au réseau régional concerne « l'initiation d'un travail de laboratoire créé autour de l'offre régionale de la chaîne », sur Internet. À l'heure de la révolution numérique, France 3 en est au « laboratoire ». À l'heure où la question de la juste place de France 3 est posée, la dimension régionale hertzienne n'est même pas évoquée. À l'heure où il s'agit d'améliorer la productivité du groupe public, pas un mot sur les solutions à mettre en œuvre pour mieux rentabiliser les directions régionales.

À la rentrée 2008, « C'est mieux le matin », toujours à l'antenne, ne réunit plus que 57 000 personnes certains jours, soit moins de 600 personnes par département. Le tout pour un coût hebdomadaire de production de plusieurs centaines de milliers d'euros. Comme si cela ne suffisait pas, France Télévisions propose depuis septembre 2008 pas moins de quatre émissions de consommation et de vie quotidienne sur ses antennes[1].

Les interrogations sont nombreuses : en confiant aux directions régionales un créneau horaire impossible, avec un concept d'émission ne s'inscrivant pas dans les préoccupations spécifiques de chaque région, s'agit-il de faire la démonstration par l'absurde de la médiocrité des capacités des équipes régionales pour ensuite les sacrifier ? Les directions régionales ne sont-elles plus là que pour être ponctionnées financièrement ? A-t-on décidé de laisser le terrain de l'hyperproximité aux acteurs privés ?

Les avancées du secteur privé

En février 2005, la Cour des comptes avait déjà écrit : « France 3 sera tenue, pour conserver son audience de proximité, de régionaliser son offre et de l'adapter à la nouvelle donne concurrentielle, ce qui exigera un effort de diversification de ses programmes. » Encore des recommandations pour rien.

Le 3 septembre 2008, confidence d'un cadre du groupe Hersant Média : « Comme France 3 se désengage des régions, nous-mêmes avec nos télévisions locales et tous les autres exploitants de télévisions locales avons plus de latitude pour nous développer. »

Ce n'est sans doute pas un hasard non plus si TF1 avance sur le marché publicitaire régional, multiplie

1. « C'est mieux le matin » et « @ la carte » sur France 3, « Service maximum » sur France 2, « C'est notre affaire » sur France 5.

la création de magazines urbains gratuits en province, lance des sites Internet proposant des annonces de commerçants locaux associées à des coupons promotionnels et se positionne sur le secteur de la radio numérique. Et si un jour la machine de guerre TF1 déferlait sur le secteur des télévisions locales privées ?

Enfin, en novembre 2008, trente-cinq journaux régionaux ont ouvert une plate-forme vidéo sur Internet avec la participation de l'AFP pour les contenus nationaux et internationaux. Elle comporte un mini-journal diffusé deux fois par jour et à terme des centaines de vidéos d'information quotidiennement. Les journaux régionaux peuvent se prévaloir d'une force de frappe unique : 5 000 journalistes et 25 000 correspondants. Mieux, nettement mieux que France 3.

Les acteurs privés font leur la pensée de la philosophe Simone Weil : « L'enracinement est peut-être le besoin le plus important et le plus méconnu de l'âme humaine. C'est un des plus difficiles à définir. Un être humain a une racine par sa participation réelle, active et naturelle à l'existence d'une collectivité qui conserve vivants certains trésors du passé et certains pressentiments d'avenir[1]. » France 3 avait tous les atouts pour porter cette pensée, sur tous les supports, mais à force de tergiversations, la chaîne préférée des Français est fragilisée.

---

1. Simone Weil, *L'enracinement*, Gallimard, 1949.

Un député, Jean Ueberschlag, résume : « Quand le service public déserte la proximité, le privé n'est jamais loin [1]. »

Un dernier espoir ?

Le 10 novembre 2008, Christine Albanel ouvre finalement une consultation sur le projet de cahier des missions et des charges de la future télévision de service public afin de recueillir l'avis des parties intéressées. Et, oh surprise, on découvre dans ce texte tout ce que beaucoup considéraient comme le positionnement éditorial le plus cohérent pour France 3.

Mot pour mot, voici l'identité renouvelée de la chaîne : « France 3, chaîne nationale à vocation régionale, chaîne de la proximité, du lien social et du débat citoyen. France 3 permet à ceux qui la regardent de trouver des repères, favorisant ainsi le lien social et une meilleure compréhension de leur environnement. Dans un mode globalisé, elle offre à chacun la possibilité de réfléchir sur ses racines tout en suivant l'évolution du monde. La chaîne accentue sa couverture du territoire et amplifiera ses efforts sur l'information régionale, le magazine, le documentaire et la fiction originale. France 3 accompagne les événements régionaux et locaux et reflétera la société contemporaine. Sa politique de grands magazines est renforcée pour continuer à ouvrir une fenêtre sur le monde. La programmation de France 3 s'attache à développer l'information régionale et locale et à accroître le nombre d'éditions de proximité. Elle s'efforce d'augmenter les

1. Intervention à l'Assemblée nationale, 5 novembre 2008.

prises d'antenne par les directions régionales et d'utiliser une part significative de programmes produits en régions dans le programme national[1]. »

Mais le nouveau cahier des charges ne dit pas ce qu'il adviendra de l'information nationale et de l'ensemble des programmes nationaux qui occupent la grille de France 3. Donner plus de place aux émissions régionales nécessite mathématiquement de réduire la place des programmes nationaux, mais cela personne ne le dit, et a fortiori ne l'écrit. Depuis des années, les directions régionales étaient formatées par touches successives et leurs budgets étaient rognés ; mais voilà affiché un nouveau cap, opposé au précédent. Faire, défaire, refaire... que d'énergie gaspillée, que de temps perdu sur la concurrence, que de directives et de contre-directives pour des salariés désorientés !

En novembre 2008, la directrice générale de France 3, Geneviève Giard, s'est vu confier une mission de réflexion sur l'organisation du réseau régional. Au même moment, à la hâte, France 3 a lancé des projets tous azimuts pour janvier 2009 : création d'une tranche d'information régionale dans le « Soir 3 », allongement des tranches d'information régionale dans le « 12-13 » et le « 19-20 », redéfinition des programmes régionaux du samedi après-midi. Et là, ce sont des élus qui ont levé le voile sur des incohérences, en l'occurrence le député de Saône-et-Loire Didier Mathus : « Le rappel des titres régionaux vers 19 h 50 a discrètement disparu il y a quelques semaines sous prétexte que France Télévisions ne peut pas se permettre

1. « Projet de cahier des charges de France Télévisions », 10 novembre 2008.

de “gaspiller” les quelques minutes précédant 20 heures, tant elles sont rentables en termes de recettes publicitaires. L'on voit bien que, à terme, la pression va également s'exercer sur le journal régional de 19 h 30 [1]. »

Autre opération présentée en grande pompe aux directeurs régionaux de France 3 le 19 décembre 2008 : une première webtélé régionale expérimentale, en attendant le lancement de vingt-trois autres. Mais, là encore, le terrain semble sinon dangereux, du moins incertain. À la mi-septembre 2008, Viviane Reding, commissaire européenne, avait pourtant déclaré à l'intersyndicale CGT de France Télévisions que le développement sur Internet ne pouvait pas se faire au-delà de l'accompagnement des programmes [2].

Par ailleurs, il fallait être au Sénat le 19 novembre 2008 pour écouter Patrick de Carolis et comprendre ce qui se cachait derrière les webtélés régionales et qui n'avait jamais été dit jusque-là, ni au personnel de la télévision publique, ni aux élus. « Avec l'entreprise unique, a expliqué le président de France Télévisions, il nous faut revoir les relations avec les territoires. Nous sommes engagés dans une refonte dans le sens du développement avec plus d'informations régionales et locales, un renforcement des décrochages régionaux de manière très volontariste. Nous voulons un développement régional sur des supports et un modèle économique moins coûteux. Avec les web-TV proposées à

---

1. Intervention lors de l'examen de la nouvelle loi sur l'audiovisuel public à l'Assemblée nationale le 27 novembre 2008.

2. Communiqué de l'intersyndicale CGT, 14 septembre 2008.

partir de nos vingt-quatre bureaux d'informations on peut faire du sur-mesure. On souhaite engager cela avec les collectivités, avec de nouveaux partenariats avec les élus locaux [1]. »

Patrick de Carolis venait-il de révéler la réalité du projet des webtélés ? Loin d'une innovation technique, s'agit-il de reléguer les programmes régionaux sur le web pour des raisons d'économies en demandant en prime aux collectivités territoriales – donc encore une fois aux contribuables – d'apporter des financements complémentaires ? Et dire que le personnel de la chaîne participe à des expériences pilotes de webtélé en n'y voyant que du feu...

Au passage, une question perfide : le plan d'investissement pour les webtélés régionales prévoit-il d'offrir aux papis et mamies de France, qui constituent le public majoritaire de la chaîne, des ordinateurs et des cours de formation pour apprendre à surfer sur le web ? Ajoutons le commentaire d'un rédacteur en chef parisien de la chaîne : « Les webtélés, ce sera bien, l'info régionale renforcée, ce sera bien. Mais personne ne sait dire comment on fera, avec quel argent, avec quels moyens humains. La direction donne le sentiment de gesticuler comme une personne au bord de la noyade. »

---

1. Audition devant les commissions de la culture et des finances du Sénat dans le cadre de l'exécution du contrat d'objectifs et de moyens, 19 novembre 2008.

Un président téléguidé

Les exigences de Nicolas Sarkozy

Patrick de Carolis rêvait d'être danseur. À force de pas chassés, de pirouettes et de piqués, il a réussi à accéder à la tête de France Télévisions. Mais au printemps 2007, un homme s'est mis à le faire danser. Son nom : Nicolas Sarkozy. Depuis, il lui marche régulièrement sur les pieds. Entre actes d'allégeance et ruades, Patrick de Carolis cherche son équilibre. Un calvaire pour lui qui préfère écrire des poèmes plutôt que de batailler. Ses amis disent que l'orgueil est le moteur de sa résistance. Mais l'orgueil a ses limites, la résistance aussi.

Cela pourrait être le récit d'un calvaire…

Le 1er juillet 2008 à 9 heures, Patrick de Carolis est déjà dans son bureau, au huitième étage du paquebot France Télévisions. Ce jour là, il est monté sur ressorts. Il demande à son secrétariat de contacter Jean-Michel Apathie. Le journaliste de RTL, réputé pour ses interviews franc-parler, est joint sur son téléphone portable. Le président de France Télévisions, généralement tout en rondeur, n'y va pas par quatre chemins : « Si vous le souhaitez, je peux m'exprimer au micro de RTL demain matin. » Apathie comprend que de Carolis a des choses importantes à dire. Il a déjà programmé un invité mais, valeur informative oblige, le président de France Télévisions devient prioritaire. Jean-Michel Apathie flaire le bon coup journalistique.La veille, le 30 juin 2008, la Société des journalistes de France 2 a lancé un appel au rejet de la réforme de l'audiovisuel. Le soir du même jour, Nicolas Sarkozy doit parler de l'Europe sur le plateau de France 3. À son arrivée à France Télévisions, il est accueilli sous les huées de quelques centaines de salariés brandissant des banderoles « Sarkozy m'a tuer » ou encore « Plus belle la vie sans Sarkozy ». Le Président s'agace : « Cette maison n'est pas tenue, quelle honte. On me fait la danse du ventre pour m'inviter et après on m'accueille mal. C'est une honte de voir comment je suis traité. »

Pour procéder aux essais micros, un technicien s'avance vers le Président, déjà installé à la table du JT. Nicolas Sarkozy lance courtoisement : « Bonjour monsieur. » Le technicien ne répond pas. Le Président réagit : « C'est une question d'éducation. » Il adresse un sourire narquois et un clin d'œil à Paul Nahon, directeur de l'information de France 3, avant de poursuivre : « Quand on est invité, on a le droit que les gens vous disent bonjour quand même, ou alors on n'est pas dans le service public, on est chez les manifestants et là c'est autre chose… » Il hoche la tête et commente encore : « C'est incroyable et grave. » Pendant cet échange, les caméras de France 3 tournent et le tout est enregistré. Le soir même, des salariés de France 3 fournissent les images au site web Rue89. À 8 heures, le lendemain, on comptabilise 30 000 visionnages. Quelques jours plus tard, la barre des 2 millions est franchie.

Au-delà de cet incident, à la fin de l'interview, le président de la République s'exprime sur l'avenir de France Télévisions : « J'ai une haute idée du service public, des programmes de service public, des missions du service public, je pense qu'on peut faire mieux, quels que soient par ailleurs les mérites des équipes actuelles, on peut faire beaucoup mieux. Pour tout dire, je veux dire que les programmes de France Télévisions ressemblent encore trop aux programmes d'une chaîne privée. Honnêtement, le danger pour le service public, c'est de ressembler aux chaînes privées. »

Autre extrait significatif : « Un moment les gens vont dire : mais pourquoi on paye la redevance pour avoir la même chose ? Il faut arrêter l'immobilisme. Je ne regarderai pas le service public comme une petite secte qui appartient à quelques micro-organisations qui descendent de temps en temps dans la rue parce que le service public fonctionne avec l'argent du contribuable. » Présent dans une loge, Patrick de Carolis serre les dents. Nicolas Sarkozy continue : « Comment voulez-vous faire tourner une boutique quand le président change tout le temps et un mode de désignation dans l'hypocrisie la plus totale ? » Là, le président de France Télévisions craque. En présence de quelques témoins, il lâche : « Je vais lui en toucher deux trois mots. »

À la fin de l'émission, Patrick de Carolis s'isole avec le président de la République dans une salle de maquillage. Les deux hommes se tutoient depuis longtemps. Le ton est vif. De Carolis reproche à Sarkozy l'injustice de l'amalgame entre France Télévisions et les télévisions privées. Patrice Duhamel est là aussi. Il exprime son ras-le-bol face aux critiques présidentielles constantes. Nicolas Sarkozy dénonce le manque de différence, le manque d'audace, le manque de théâtre. Patrick de Carolis sort de la loge de maquillage au bout d'une dizaine de minutes. Livide, il reprend l'ascenseur de verre sous le regard de salariés médusés.

Le bras de fer avec l'Élysée

Depuis le jour où Nicolas Sarkozy a annoncé la fin progressive de la publicité sur le service public, le président de France Télévisions fait des ronds de jambe. Le jour même, il a adressé un communiqué à ses salariés pour affirmer que les intentions du président de la République étaient conformes aux siennes et qu'il travaillait depuis des mois en bonne intelligence avec la Tutelle. Mois après mois, il a continué à écrire des messages pour assurer de son implication dans la réforme de l'audiovisuel. En réalité, l'Élysée lui coupe l'eau, le gaz et l'électricité. Le président de France Télévisions souffre en privé mais sourit en public et, mieux, il applaudit. Il subit des outrages, des blessures d'amour-propre, il aspire à la liberté comme tout journaliste qui se respecte, mais il est contraint dans le moindre de ses mouvements.

Après la passe d'armes avec le président de la République dans les locaux de France Télévisions, Patrick de Carolis a donc un sursaut d'orgueil. Et s'il s'en prenait à Nicolas Sarkozy ? S'il se plaçait en superhéros du service public face au méchant Sarkozy ? Cela lui permettrait aussi de redorer son blason auprès des syndicats, des producteurs et des salariés de France Télévisions. S'il enfilait le costume de Zorro de l'exception culturelle française ? Tout est organisé : à 7 h 50, ce sera l'interview en direct dans les studios de RTL, rue Bayard dans le VIIIe arrondissement de Paris. À 11 heures, le service de communication de France Télévisions adressera un mail aux salariés pour promouvoir la bonne parole avec un lien vers le site Internet de RTL. Le soir, à 22 heures, un autre mail sera expédié aux adhérents du Club France Télévisions sous le titre « L'avenir de France Télévisions vu par Patrick de Carolis ».

Un comité de groupe a lieu dans la journée. Il est qualifié de houleux par les participants. Patrick de Carolis s'en prend au pouvoir, qu'il accuse de vouloir l'asphyxier, et annonce qu'il montera au créneau. Il demande aux présents de ne pas révéler la teneur de ses propos avant son passage à la radio. Mais dans les minutes qui suivent, le Tout-Paris bruisse de l'interview à venir. Au sein du parti de la majorité présidentielle, personne n'imagine la sortie du président de la télévision publique ; au contraire, on s'attend à une intervention pour dénoncer le vol des images off tournées dans les minutes qui ont précédé l'interview de Nicolas Sarkozy. De Carolis va présenter ses excuses publiques, pense notamment le porte-parole de l'UMP.

2 juillet 2008, 7 h 50, RTL. Patrick de Carolis s'exprime donc pour la première fois sur la réforme de l'audiovisuel public. Il déroge à la règle de la neutralité qu'il s'était fixée lui-même et passe à l'attaque sur trois fronts. Pour compenser la suppression de la publicité, la commission Copé et le président de la République ont imaginé des solutions, mais le président de France Télévisions estime que « le compte n'y

est pas » et qu'il prendra ses responsabilités s'il n'obtient pas les moyens nécessaires pour faire son travail.

Il répond au président de la République qui estime que la télévision publique ressemble trop à la télévision privée. Patrick de Carolis est violent : « Je trouve cela faux, je trouve cela stupide. Et je trouve cela injuste, profondément injuste. »

Il veut aussi marquer son indépendance vis-à-vis du pouvoir : « Il y a deux indicateurs dans ma vie. Il y a le professionnalisme, les budgets, c'est-à-dire avoir les moyens de nos ambitions, et il y a l'indépendance. Jamais, vous entendez, jamais je ne soumettrai mes grilles de programmes. Jamais je ne soumettrai un concept d'émission à un quelconque visa venu de l'extérieur de l'entreprise. Que cette chose soit dite. Elle est claire et simple. »

Un numéro de charme

Si Patrick de Carolis est au cœur de la tourmente, c'est parce qu'il tente de tirer les ficelles en coulisses depuis des mois. S'il est contraint de hisser l'étendard de l'indépendance, c'est parce qu'il s'est lui-même piégé dès son accession à la présidence de France Télévisions en 2005.

À l'époque, Dominique de Villepin avait soutenu publiquement le président sortant, Marc Tessier. Patrick de Carolis, de son côté, pouvait compter sur le soutien de Dominique Baudis, à l'époque président du CSA et ancien journaliste comme lui. Les deux hommes se sont croisés souvent dans leur carrière, notamment à TF1. De plus, de Carolis s'est constitué un solide réseau d'élus, de personnalités de la culture et de producteurs grâce à ses trois années à la direction générale du *Figaro Magazine*, grâce à son émission « Des racines et des ailes » et grâce à ses lointaines fonctions de directeur des documentaires et magazines de France 3. Sans compter qu'il est un proche de Bernadette Chirac dont il a été le confesseur officiel[1].

À son arrivée à la présidence, Patrick de Carolis a ensuite développé des liaisons dangereuses. Il a recruté trois collaborateurs directs de Jean-François Copé : Damien Cuier, Bastien Millot et Aurélie Ferton, pour les placer dans son staff rapproché et au plus haut sommet de France Télévisons. Il y a aussi Philippe Baudillon, nommé directeur général de France 2, proche de Dominique de Villepin ; Thierry Bert, venu du ministère de l'Économie ; et Camille Pascal, venu du cabinet de Dominique Baudis, président du Conseil supérieur de l'audiovisuel. Patrick de Carolis l'a « récupéré » au moment du changement de présidence au CSA, comme une manière de remercier Baudis de l'avoir soutenu pour son accession à la tête de l'audiovisuel public.

Par ces recrutements, Patrick de Carolis voulait bénéficier de liens directs avec la Tutelle, négocier au mieux les budgets de France Télévisions et être introduit dans les rouages politiques. Certes, les liens avec le pouvoir ont toujours existé pour les présidents de la télévision publique, et comment peut-il en être autrement lorsque l'essentiel du budget vient de

1. *Conversation* de Bernadette Chirac avec Patrick de Carolis, Plon, 2002.

l'État, mais jamais jusque-là ces rapports n'avaient été aussi forts et aussi voyants.

De plus, le président de France Télévisions n'a pas mesuré que ce qu'il considérait comme des atouts pouvait devenir des handicaps. La montée en puissance de Dominique de Villepin a été un feu de paille. Nicolas Sarkozy est devenu président de la République. Jean-François Copé n'a pas retrouvé de ministère après les élections présidentielles et son ambition affichée l'a écarté à la fois du président de la République et du gouvernement. Patrick de Carolis a alors tenté un revirement...

Le 30 août 2007, à la salle Pleyel de Paris à l'occasion de la présentation de la grille de rentrée de France Télévisions, Patrick de Carolis veut séduire le locataire de l'Élysée : « Il faut ouvrir le chantier de nouvelles synergies dans les programmes, la production, l'information : dégager des économies en interne, être partout sur le multimédia, le multi-supports, nouer des alliances avec des opérateurs de réseaux. Il faut moderniser les organisations, les méthodes de travail, les métiers. Il faut ouvrir les chantiers qui ne peuvent plus attendre en regard du monde économique qui nous entoure. » L'intervention est la copie à peine voilée de la lettre de mission de Nicolas Sarkozy à la ministre de la Culture datée du 1er août 2007. Le président de la République écrivait : « France Télévisions doit affirmer son identité de service public. Un certain nombre de synergies importantes qui n'ont que trop longtemps été différées doivent être mises en œuvre. »

Pour donner du crédit à ses propos, Patrick de Carolis confie à des avocats la rédaction d'une note juridique et économique pour France Télévisions à l'horizon 2012. Nouvelle bourde. Ce cabinet travaille depuis une douzaine d'années déjà avec la télévision publique, mais il vient de recruter un nouveau collaborateur. Et non des moindres. Son nom : Jean-François Copé. Il est embauché à temps partiel les vendredis et samedis. Copé avocat travaille dans une structure qui rédige une note comportant une proposition de texte de loi visant à regrouper les différentes chaînes dans une société unique que Copé président du groupe parlementaire UMP est susceptible de défendre devant l'Assemblée nationale. Le cabinet d'avocats stipule que la création d'une société unique permettrait une réduction des effectifs : 900 départs au total, soit 600 équivalents temps pleins avec un taux de remplacement plafonné à un sur trois. Comme si souvent, France Télévisions ne réussit pas à garder le document secret. Tollé parmi le personnel, crise lors du comité de groupe du 17 octobre 2007. Le patron de l'audiovisuel public fait marche arrière, dit que les chiffres concernent les départs à la retraite d'ici à 2012 et qu'il n'est question ni de réduire les effectifs, ni de fusionner les rédactions.

Ainsi, Messieurs Copé et de Carolis apparaissent proches d'abord, complices ensuite, ce qui ne peut qu'agacer Nicolas Sarkozy. Et surtout, en s'en prenant directement et violemment au président de République sur RTL, Patrick de Carolis a peut-être commis la faute de trop.

Nicolas Sarkozy bat le rappel de ses troupes qui, pour la première fois aussi clairement, s'en prennent aux coûts trop élevés de la télévision publique. Frédéric Lefebvre, porte-parole de l'UMP, déclare : « Que

Patrick de Carolis ait des difficultés à mobiliser toute son entreprise pour appuyer sur l'accélérateur, ça je le constate, comme tous les Français. Il faut qu'il se souvienne d'une émission du service public qui s'appelle “Les chiffres et les lettres”, ça veut dire qu'il est temps qu'il se mette au travail sur les contenus avec ses équipes[1]. »

Le député des Hauts-de-Seine et coprésident du Club parlementaire sur l'avenir de l'audiovisuel et des médias veut connaître « les coûts de production, les coûts de personnel, les coûts de transmission, ainsi que les coûts de l'ensemble des services généraux de France télévisions », afin que « les parlementaires disposent d'éléments chiffrés et d'analyses objectives récentes ». Dans le même esprit, Christine Albanel, ministre de la Culture, affirme : « On peut évidemment mieux gérer. Il va y avoir une réforme des structures[2]. » Quelques jours plus tard, elle pique même une colère : « Il faut qu'ils arrêtent de croire que l'État, c'est “open bar” pour toutes les chaînes[3]. »

Les allégeances

Alors, nouvelle pirouette... Patrick de Carolis tient des propos qu'il n'avait jamais tenus jusque-là. Sans doute encore une tentative de calmer l'ardeur des critiques venues de l'Élysée : « On est au pied du mur. Soit on y va, soit on est mal. Je n'ai pas le choix. Les salariés n'ont pas le choix. France Télévisions n'a pas

1. nouvelobs.com, 14 août 2008.
2. AFP, 2 juillet 2008.
3. *Le Point*, 16 juillet 2008.

le choix. Il n'y a pas d'autre choix que cette réforme. France Télévisions ne doit pas rester à l'écart du monde. Ce n'est pas un scaphandre étanche. C'est la dernière chance. Nous sommes arrivés au bout d'un système, la réforme est inévitable. Soit elle est faite en interne par des professionnels (...), soit d'autres la feront à notre place, et peut-être pas avec l'écoute que les professionnels peuvent avoir entre eux. La télévision telle que nous la connaissons aujourd'hui est souvent devenue trop chère [1]. »

En somme, une manière de dire aux salariés : soit vous bougez, soit vous acceptez des réformes et des économies, soit il va y avoir des morts. Pour comprendre le changement de ton, il faut se rappeler les déclarations de Nicolas Sarkozy sur le manque de rationalité au sein de l'audiovisuel public et se remémorer les propos de Frédéric Lefebvre sur la nécessité de réaliser un audit.

Patrick de Carolis dit et répète aussi au Premier ministre qu'il veut conduire la réforme de France Télévisions [2]. Georges Pernoud, le père de « Thalassa », raconte qu'il « met des cierges tous les matins pour que de Carolis reste [3] ». Un homme de la mer qui vient au secours d'un capitaine en perdition sur un paquebot à la dérive, voilà qui est cocasse. Mais l'histoire s'accélère.

1. Conférence de presse de rentrée de France Télévisions, 28 août 2008.

2. Rencontre entre Patrick de Carolis et François Fillon à Matignon, 8 septembre 2008.

3. *Le Parisien/Aujourd'hui en France*, 12 septembre 2008.

La panique

De toute l'Europe parviennent des informations sur la refondation des télévisions publiques.

YLE, la télévision publique finlandaise, a déjà fait sa restructuration : 10 % d'économies sur le budget total, 20 % d'effectifs en moins entre 2000 et 2007. D'autres s'y mettent.

Le directeur général de la BBC a annoncé mi-octobre la suppression nette de 1 800 emplois au sein de la radio-télévision publique britannique, soit 8 % de ses effectifs.

La télévision publique espagnole va réduire de près de 43 % ses effectifs en envoyant 4 150 collaborateurs de plus de 52 ans en préretraite.

La radio-télévision publique autrichienne a signalé fin novembre 2008 la suppression de 1 000 emplois sur 3 400 d'ici à 2012, et l'externalisation de certains services techniques. Premier média audiovisuel d'Autriche, l'ORF a vu ses parts de marché décliner brutalement au cours des deux dernières années et a terminé 2008 avec un déficit de 100 millions d'euros.

La radio-télévision publique flamande, VRT, a lancé le 26 novembre 2008 un plan d'économies de 71,5 millions d'euros, dont un tiers sera réalisé par le biais de réductions de frais de personnel. Des économies seront également faites grâce à une diminution des coûts de production et des droits de retransmission d'événements sportifs. En outre, plus de programmes seront produits en interne.

Enfin, la chaîne britannique Channel Four va réduire de 15 % ses effectifs et de 10 % ses coûts. Appliquée à France Télévisions, cette recette conduirait à la suppression de 1 600 postes...

Le temps de la fuite « des cerveaux » commence. Philippe Nicolas, directeur financier de France Télévisions, et Thierry Delphin, directeur financier de France 3, quittent leurs fonctions dès l'été. Les deux personnages clés de la gestion de l'audiovisuel public, forts d'une expérience cumulée de plus de quinze ans à France Télévisions, préfèrent se tourner vers de nouvelles perspectives professionnelles. Bastien Millot, l'un des « Copé boys » recrutés par Patrick de Carolis, a lui aussi choisi de partir. Il devient conseiller régional et prend la tête d'une société de conseil spécialisée en communication, en stratégie Internet, en média-training et en gestion de crise. Départ aussi de Daniel Grillon, directeur régional de Marseille. Venu de LCI, il quitte le groupe après seulement huit mois de présence pour retourner dans le privé, en l'occurrence en tant que directeur général de La Chaîne Marseille. Puis c'est Claude Lacaze, directeur de l'innovation à France Télévisions, qui part chez Endemol France pour diriger le pôle TNT, câble et satellite.

Patrice Duhamel réaffirme : « Le compte n'y est toujours pas pour 2009. » Faux, rétorque le gouvernement. Patrick de Carolis inaugure une série de rencontres bilatérales avec les organisations syndicales représentatives de France Télévisions. Il s'obstine : « Je veux un groupe audiovisuel public puissant pour affronter le basculement au tout numérique en 2012. Je veux définir avec l'actionnaire une trajectoire budgétaire à cet horizon-là et pas uniquement pour 2009 [1]. » En réalité, le président de France Télévisions

1. France Inter, 9 septembre 2008.

sait que son budget sera déficitaire en 2009. Il vise maintenant un équilibre à plus long terme.

L'heure de rendre des comptes continue. Le 19 septembre 2008 à 18 heures, une réunion d'arbitrage a lieu à l'Élysée sous la présidence de Nicolas Sarkozy en présence d'un cercle restreint de six personnes, dont la ministre de la Culture et la ministre de l'Économie. Le chef de l'État avalise la forte inflexion de la ligne éditoriale de France Télévisions vers plus de culture, plus de création, plus de dessins animés et plus de spectacles vivants, mais il veut que l'exposé des motifs de la loi fasse plus explicitement référence aux missions de service public.

Nicolas Sarkozy exige des obligations de programmation si précises qu'il ne restera presque aucune liberté de mouvement au patron de l'audiovisuel public. Il connaît trop bien les médias pour ne pas se douter qu'un tel niveau d'intervention ne peut qu'exaspérer le président de France Télévisions. Nicolas Sarkozy demande aussi à son Premier ministre François Fillon de ne donner ni coup de pouce financier, ni garantie d'avenir au président de l'audiovisuel public.

Ultimes ruades ?

Patrick de Carolis et Patrice Duhamel sont à cran. Lorsque Philippe Juvin, secrétaire national de l'UMP, critique l'absence de directs pour les Jeux paralympiques à la télévision publique, ils annoncent qu'ils vont porter plainte, mais n'en feront rien. Lorsque Frédéric Lefebvre, porte-parole de l'UMP, déclare que les deux dirigeants ne sont pas des gestionnaires et redit qu'il « est urgent qu'on vérifie les comptes dans leur propre intérêt[1] », Patrick de Carolis et Patrice Duhamel sont tentés une fois encore d'engager une procédure judiciaire. Autre petite phrase de Frédéric Lefebvre qui fait mouche : « On a besoin à la tête des chaînes publiques d'une équipe qui affronte les réalités et qui soit réactive[2]. »

Dans un tel climat, Patrick de Carolis en personne trouve encore l'énergie pour parachever le nouveau cahier des charges de France Télévisions avec l'aide de Camille Pascal, secrétaire général du groupe France Télévisions. Mais, nouvelle vexation : cette fois, comme Nicolas Sarkozy, Christine Albanel veut des engagements précis en matière de programmes, par exemple sur le nombre de films diffusés chaque semaine.

Le 13 octobre 2008, la ministre de la Culture reçoit une nouvelle fois de Carolis et Duhamel. Ce jour-là, ils apportent en offrande des promesses culturelles. Du cinéma, du théâtre, du livre, des arts plastiques, de tout un peu... L'ambiance est tendue. Visiblement, Christine Albanel a eu des instructions de l'Élysée. Même si elle tutoie de Carolis et si elle est courtoise, elle redit qu'elle attend des engagements plus précis. Patrick de Carolis se formalise contre l'ingérence de l'État, mais multiplie les promesses. Tous les désirs exprimés par le président de la République en janvier 2008 sont satisfaits. Ce sont « les treize engagements éditoriaux de France Télévisions », présentés en tant que tels par le ministère de la Culture[3].

---

1. *Le Journal du dimanche*, 28 septembre 2008.
2. Idem.
3. Magazine du ministère de la Culture et de la Communication, *Culture Communication*, n° 164, novembre 2008.

Dans une note de six pages, Patrick de Carolis répète quinze fois l'expression : « Nous nous engageons[1] ». On est bien loin du refus de soumettre un quelconque concept d'émission à un visa extérieur clamé sur RTL le 2 juillet 2008.

Visiblement prêts à toutes les concessions, les deux dirigeants de la télévision publique vont jusqu'à annoncer qu'en raison de la situation financière de l'ensemble de l'économie, ils renoncent à demander à l'État 70 millions d'euros supplémentaires. Plus question donc de se rebiffer non plus sur le thème de « le compte n'y est pas ». Et Patrick de Carolis reconnaît que son groupe est contraint à de sérieuses économies[2].

Le jeu de massacre

Il ne se passe plus une journée sans que des fuites, des déclarations, des interventions politiques mettent à mal Patrick de Carolis. Christine Albanel annonce qu'un nouveau contrôle de la Cour des comptes s'achève pour France 2 et qu'un autre va commencer pour France 3[3]. Des députés de l'UMP assurent que remplacer la recette aléatoire de la publicité par des recettes certaines est une chance pour la télévision publique.

1. Patrick de Carolis, « Les grands axes stratégiques de la nouvelle télévision de service public », octobre 2008.

2. Audition à l'Assemblée nationale, 5 novembre 2008.

3. Annonces de Christine Albanel devant la commission spéciale chargée d'examiner la réforme de la télévision publique à l'Assemblée nationale, 5 novembre 2008.

Autre humiliation : le nouveau cahier des charges de France Télévisions prévoit un système de bons points digne de la maternelle. Si Patrick de Carolis programme des spectacles vivants en prime time, il a droit à trois points, sinon ce sera deux points ou un point en fonction de l'heure de diffusion, en sachant qu'il est tenu de réaliser un score de cent points dans l'année. Un tel système existait déjà, mais il se limitait à l'obligation d'atteindre trente-six points au total par année [1].

Le président de France Télévisions ne dit rien. Fin octobre, il n'assiste ni au comité d'entreprise de France 2, ni à celui de France 3. Ensuite, le 6 novembre 2008, contrairement à son habitude, il ne signe pas de son nom un communiqué aux salariés de France Télévisions. Il émane de la direction de France Télévisions avec la mention que le président de Carolis entend relever les nouveaux défis en « excluant totalement le recours à un plan social ».

Une fois de plus, il s'agissait d'éteindre le feu. Une fois de plus aussi, il fallait nier ce que beaucoup d'économistes, certains parlementaires et beaucoup de hauts fonctionnaires de Bercy considèrent comme un passage obligé : la réduction des effectifs. Christine Albanel déclare : « On ne fait pas cette réforme pour faire un plan social [2]. »

Patrick de Carolis préfère parler de 900 départs volontaires à la retraite d'ici à 2012, dans le cadre

---

1. Décret modifiant les cahiers des charges de France 2 et de France 3, 10 mai 2007.

2. Canal Plus, 22 octobre 2008.

d'un dispositif incitatif. Encore faut-il ne pas compenser les départs à la retraite et ne pas procéder à de nouvelles embauches. Exemple significatif, en novembre 2008, après le départ en retraite de la directrice artistique de France 3, le groupe public a recruté dans le privé son successeur, plutôt que de le chercher parmi ses 11 000 salariés.

C'est le moment que choisit Hervé Bourges pour sortir de sa réserve. Compétence incontestée de l'audiovisuel, ancien président de TF1, d'Antenne 2, de FR3, et du Conseil supérieur de l'audiovisuel, il déclare : « L'entreprise unique... évidemment j'y suis favorable, je le souhaitais déjà. Évidemment ça aura des conséquences, avec un plan social. Moi aussi j'ai dû en faire un à l'époque, 700 personnes avaient été touchées. Quant à une nouvelle télévision publique, c'est une idée ancienne. En 1994 on en parlait, en 1997 on en parlait. On ne l'a pas fait. Lorsque j'ai créé une direction commune pour le sport, je me suis fait taper sur les doigts par certains députés qui ont dit que c'était scandaleux. Lorsque j'ai créé une direction commune de l'information de France 2 et de France 3, on a reculé et on y revient maintenant. » L'histoire se répète. Dramatiquement.

Un ultime scandale ?

Téléguidé après son élection, Patrick de Carolis a ensuite voulu prendre le contrôle de la télécommande. Mais il s'est brûlé les ailes en s'aventurant sur un terrain politique qui n'est pas le sien. Lorsqu'un danseur quitte les parquets et ses chaussons pour enfiler des crampons et se mêler à des rugbymen, cela ne peut pas bien se passer. Les masques finissent toujours par tomber... à moins d'un ultime rebondissement.

Le 21 novembre 2008, Patrick de Carolis rencontre les coordinateurs syndicaux du groupe afin de faire avec eux le point sur la situation de France Télévisions à quelques jours de l'ouverture du débat parlementaire. Pour témoigner de son engagement pour la défense des intérêts de la télévision publique et s'assurer les bonnes grâces syndicales, il annonce qu'il a mis en garde ses interlocuteurs institutionnels contre une éventuelle réduction des taxes prévues sur les chaînes privées et les opérateurs télécoms.

Les propos sont immédiatement relayés dans la presse par les syndicats et tout le monde découvre la position ambiguë de Patrick de Carolis. Devant les partenaires sociaux du groupe, il a critiqué les élus de la majorité présidentielle et, tout au long de l'automne, il a fait d'innombrables promesses à sa Tutelle. Évidemment, le président de la République n'apprécie pas et Christine Albanel donne immédiatement de la voix pour assurer que « l'État a pris un engagement précis. Trois milliards d'euros pour l'audiovisuel public pour les trois années qui viennent, dont 450 millions d'euros de compensation pour la publicité supprimée pour 2009, 2010, 2011, quoi qu'il arrive [1] ».

Michel Boyon, président du CSA, s'y met aussi pour défendre le nouveau texte prévoyant la nomination et la révocation du président de France Télévisions par le chef de l'État : « Voyons les choses de

1. Interview de Christine Albanel, ministre de la Culture et de la communication, LCI, 25 novembre 2008.

manière très concrète et très réaliste. Qui est l'actionnaire de France Télévisions ? C'est l'État. Qui définit les missions de France Télévisions ? C'est le gouvernement par décret. Qui fixe le taux de la redevance chaque année ? C'est le Parlement. Qui va fixer à partir de l'an prochain les crédits budgétaires alloués chaque année à France Télévisions ? C'est le Parlement. Il n'est pas anormal que la loi veuille en tirer certaines conséquences (...) Personne ne veut la mort du service public. Cessons ces calembredaines [1]. »

Mais l'affaire du double jeu avec les syndicats et l'État n'a été qu'un avant-goût d'une affaire bien plus singulière...

Au mois d'octobre, TF1, M6 et Canal Plus avaient brandi une étude financière affirmant que l'arrêt de la publicité après 20 heures ferait perdre 215 millions d'euros de recettes à France Télévisions et non pas 450 millions d'euros comme l'affirme depuis des mois le groupe public.

Même si le cabinet A. T. Kearney, auteur de l'étude, est l'un des leaders mondiaux du conseil en stratégie et management, certains ont eu beau jeu d'affirmer que le document n'était pas objectif vu qu'il a été commandé par les chaînes privées. Mais nombre d'autres études effectuées par des centrales d'achats publicitaires vont dans le même sens. Elles parlent d'une fourchette de 260 à 280 millions d'euros de pertes de recettes.

Nicolas de Tavernost, président du directoire de M6, insiste : « Je dis que le montant des spots de

1. Interview de Michel Boyon, président du CSA, « **Talk** » **Orange-*Le Figaro*, 24 novembre 2008.**

Happy Birthday mon Damien !

73765

publicité qui font l'objet de la mesure représente – et je mets au défi quiconque de prouver le contraire – 215 millions d'euros en 2008. C'est un effet d'aubaine pour le service public qui va avoir des recettes garanties supérieures à ses recettes publicitaires enlevées [1]. »

Dans tous les cas, on est donc bien loin des 450 millions d'euros avancés par France Télévisions et accordés par l'État. Jean-François Copé a tenté une justification : « J'ai pris les chiffres de France Télévisions. La direction de France Télévisions m'a dit : "Si vous supprimez la publicité à compter de 20 heures, il me manque 450 millions d'euros." Et bien, on a dit OK, banco, 450 millions d'euros, nous allons compenser à l'euro près [2]. »

Selon les chiffres en provenance de trois sources, France Télévisions aurait donc touché entre 170 et 235 millions d'euros de trop par rapport à la réalité de sa perte de recettes publicitaires. Si tel est effectivement le cas, cela pourrait constituer un nouveau scandale. Nonce Paolini enfonce le clou : « Patrick de Carolis obtient 450 millions d'euros alors que les pertes de recettes publicitaires ne font que 200 millions d'euros. Par les engagements de l'État, France Télévisions connaît ses recettes pour les trois années à venir. Aucun autre manager au monde n'a cette chance [3]. »

1. Propos dans l'émission « Ça vous regarde » sur la chaîne LCP-Assemblée nationale, 25 novembre 2008.

2. « France Inter », émission « J'ai mes sources », 27 novembre 2008.

3. Nonce Paolini au micro de Jean-Michel Apathie, RTL, 10 décembre 2008.

Et là le catalogue des questions s'ouvre. Jean-François Copé a-t-il accordé une confiance aveugle et presque naïve à France Télévisions ? Le président de la Commission pour la nouvelle télévision publique a-t-il été influencé par ses anciens collaborateurs qui travaillent dans l'entourage direct de Patrick de Carolis ? Jean-François Copé s'est-il fait purement et simplement berner ? L'État français et les parlementaires qui ont voté les 450 millions d'euros de crédits ont-ils été manipulés par France Télévisions ? Patrick de Carolis a-t-il réussi à se venger des affres que lui a fait subir Nicolas Sarkozy en extorquant à l'État de l'argent non dû ?

Pendant que les milieux culturels continuent à orchestrer une campagne de dénigrement de la réforme de l'audiovisuel et à plaider pour une augmentation de la redevance allant jusqu'à 10 euros par an, de plus en plus de Français s'agacent du train de vie de France Télévisions.

Les commentaires fusent : « Il faut baisser les salaires », « Il est temps que cela change », « De grâce, un peu de gestion raisonnée », « S'adapter ou mourir, telle est la loi naturelle des choses », « France 2 et France 3 creusent eux-mêmes leurs tombes », « Je pense que tout cela est un jeu de rôle : P. de Carolis affiche des postures anti-réforme et anti-Sarko et anti-TF1/M6 et reste ainsi un interlocuteur privilégié de ses salariés syndicats[1]. »

À l'heure de la crise économique mondiale et au moment où les Français ont accès à plus de

1. Blogs de Jean-Marc Morandi, du *Figaro* et du *Point*, 8 au 10 décembre 2008

250 chaînes françaises sans compter qu'ils passent de plus en plus de temps sur le net[1], l'exaspération monte face aux jérémiades permanentes autour du manque de moyens de France Télévisions.

Une année de débats, de polémiques, d'excès a fait émerger lentement, progressivement une nouveauté dans la société française. Hier, les téléspectateurs étaient hypnotisés devant le petit écran. Aujourd'hui, ils n'acceptent plus n'importe quoi, que ce soit pour le contenu des programmes ou pour la gestion. Et, demain, ils risquent de se rebeller. Et si la cote d'amour pour la télévision publique était en train de s'éroder ? Alors, ceux qui contribuent au service public de la télévision auront tout perdu : leurs jolies fonctions, leurs beaux avantages, leurs confortables revenus, mais aussi l'estime des téléspectateurs..

Patrick de Carolis en a-t-il seulement conscience ? Il est devenu un funambule, cherchant son équilibre à chaque pas. À l'Assemblée nationale, à force de mener une guerre de lenteur contre le projet de réforme de l'audiovisuel, les élus socialistes lui posent une nouvelle peau de banane sous les pieds.

La loi prévoyant l'arrêt de la publicité ne pouvant plus entrer en application d'ici au 5 janvier 2009, le gouvernement doit trouver une autre solution. Il est d'abord question de procéder par décret. Finalement, le 15 décembre 2008, Patrick de Carolis reçoit une lettre de Christine Albanel, ministre de la Culture et de la

1. Les Français surfent 2 h 17 par jour sur le net. Étude de l'institut GFK sur la base d'un questionnaire soumis à un échantillon de 2 000 personnes représentatives de la population française entre le 28 octobre et le 5 novembre 2008.

Communication. Elle lui demande « d'envisager les mesures nécessaires afin de ne plus commercialiser les espaces publicitaires entre 20 heures et 6 heures sur France 2, France 3, France 4 et France 5, conformément à l'esprit et à la lettre de la réforme législative en cours ».

Patrick de Carolis se trouve dans une situation singulière. Lui qui au moment de son élection avait fondé son projet d'avenir sur le développement des ressources publicitaire, lui qui avait réclamé une seconde coupure publicitaire, lui qui n'a jamais demandé la fin de la publicité sur le service public se voit contraint par l'État de prendre une décision que le gouvernement n'a pas réussi à faire adopter à temps par l'Assemblée nationale et le Sénat.

Lorsqu'il reçoit la lettre de sa « chère amie Christine », le président de France Télévisions a deux solutions : obéir ou démissionner. S'il obtempère docilement, il sera l'exécuteur des basses œuvres et perdra tout crédit face aux organisations syndicales de France Télévisions. S'il désobéit courageusement, il devra démissionner, mais deviendra un héros, celui dont l'histoire de l'audiovisuel retiendra qu'il a osé dire « non » à Nicolas Sarkozy.

Dès le lendemain, 16 décembre 2008, le conseil d'administration de France Télévisions se réunit. Cela se passe au siège du Paquebot. Les administrateurs et l'équipe rapprochée du président de la télévision publique sont à l'heure. Patrick de Carolis apparaît en dernier. Seul, le visage fermé, il descend l'escalier qui mène de son bureau du huitième étage à la salle de réunion située un niveau plus bas. Les yeux cernés, il explique : « Avant même le vote définitif et la promulgation de la loi, j'entends prendre et assumer mes responsabilités au nom de l'intérêt supérieur du groupe et de mes collaborateurs. » S'ensuit un tour de table où chacun des membres du conseil d'administration prend la parole. Le principe de la cessation de la publicité sur les antennes est ensuite adopté par neuf voix pour, deux contre et une abstention. Aucune rébellion et aucune ruade de la part du président de France Télévisions. Il a été docile jusqu'au bout.

Curieux bilan. L'arrêt de la publicité sur la télévision publique voulue par le président de la République le 8 janvier 2008 aura donc donné lieu à la création d'une savante commission de réflexion réunie autour de Jean-François Copé, puis à une loi de 56 articles, à 872 amendements, à d'interminables débats parlementaire, là où la question a finalement été tranchée un an plus tard, en l'espace de 24 heures, par une lettre de la ministre de la Culture et un vote du conseil d'administration de France Télévisions.

Le syndicat CGT est le premier à réagir. Il révèle la situation financière désastreuse du groupe public : un déficit de 116 millions d'euros en 2008, alors que la ministre de la Culture a avancé un chiffre de 80 millions d'euros quelques jours plus tôt [1]. Une journée de grève est annoncée contre la réorganisation de l'information sur France 3 et un préavis de grève est déposé pour le 5 janvier 2009 face à l'inquiétude « d'une remise en cause » des éditions locales, régionales, nationales et de « Tout le sport ». En somme, « Non à tout », comme d'habitude. La rengaine est tellement connue qu'elle occupe à peine un entrefilet.

1. Déclaration de Christine Albanel à l'Assemblée nationale, 8 décembre 2008.

Puis, c'est la direction du groupe qui diffuse un communiqué à la presse. Elle prévoit pour 2009 un déficit de 94,6 millions d'euros « hors coût de transition au passage à l'entreprise commune », évalué à environ 40 millions d'euros, soit près de 135 millions d'euros au total, mais France Télévisions se félicite en annonçant « une amélioration de plus de 20 millions d'euros par rapport au budget 2008 [1] ».

Le lendemain 17 décembre 2008, après un record de quatre-vingts heures de débat, l'Assemblée nationale adopte la réforme de l'audiovisuel par 293 voix contre 242. Au-delà de la question de la suppression progressive de la publicité sur France Télévisions, la loi stipule qu'à l'avenir, les présidents de l'audiovisuel public seront nommés et révoqués par décret en conseil des ministres pour 5 ans après avis conforme du CSA et accord des commissions parlementaires compétentes à une majorité qualifiée des trois cinquièmes. De plus, France Télévisions devient une entreprise unique. Le manque à gagner résultant de la suppression de la publicité sera compensé par une taxe variant de 1,5 à 3 % sur la publicité diffusée sur les chaînes privées ayant des recettes publicitaires supérieures à 11 millions d'euros. Une autre taxe de 0,9 % est créée sur les services fournis par les opérateurs de télécom. La loi autorise aussi les chaînes privées à instaurer une seconde coupure publicitaire par tranche de 30 minutes lors de la diffusion et fictions et de films et la durée totale de la publicité peut passer de 6 à 9 minutes par heure.

1. AFP, 16 décembre 2008.

Malgré l'adoption du texte, Jean Dionis du Séjour, député du Nouveau Centre, prévient immédiatement : « Le débat n'est pas fini. Il va se poursuivre au Sénat, où le rapport de force est plus ouvert[1]. » Puis, c'est le sénateur et ancien Premier ministre Jean-Pierre Raffarin qui a déclaré : « Je crois qu'il faut poursuivre les discussions car, aujourd'hui, il n'y a pas de majorité sénatoriale pour ce texte. Il faudra mettre tout le monde autour de la table au Sénat pour trouver un accord, car sans accord il n'y aura pas de loi, ce qui naturellement pose un problème institutionnel[2] ».

La grande pagaille autour de la télévision publique continue, doublée d'une incroyable valse des chiffres. Selon *Le Figaro*, le groupe public a promis au ministère du Budget un retour à l'équilibre financier en 2011 avec peut-être même un petit bénéfice[3]. Selon *Les Échos*, le gouvernement souhaite que France Télévisions trouve environ 6 % d'économies, soit 700 millions d'euros, d'ici à 2012. Pour reprendre une phrase de Patrick de Carolis, restée célèbre : « Le compte n'y est pas[4] ». Cette fois, la formule se retourne contre lui.

Au lieu de s'expliquer sur ces données qui affolent le personnel, Patrick de Carolis tente de justifier le vote du conseil d'administration en envoyant un courrier électronique à ses 11 000 salariés. Il écrit : « Je sais que cette décision et les conditions d'urgence

---

1. *Libération*, 17 décembre 2008.
2. LCI, 18 décembre 2008.
3. *Le Figaro*, 9 décembre 2008.
4. Déclaration de Patrick de Carolis au micro de Jean-Michel Apathie, RTL, 2 juillet 2008.

dans lesquelles elle a été présentée au conseil d'administration peuvent susciter le doute ou la préoccupation, mais je peux vous assurer que cette résolution répond à un seul objectif : éviter une nouvelle déstabilisation de notre entreprise qui se prépare depuis de nombreuses semaines déjà à l'échéance du 5 janvier. » Il poursuit avec un extraordinaire aplomb : « J'ai pris cette décision en toute conscience et en toute indépendance. ».

Les « Guignols de l'info » choisissent d'en rire. Mieux qu'un éditorial et qu'une longue analyse politique, on y découvre la caricature de Patrick Sébastien présenter « Le plus grand cabaret du monde ». Patrick de Carolis, en marionnette, s'avance fièrement vers un échafaud, pose sa tête sur une guillotine et, de lui-même, actionne le couperet. L'humoriste s'écrit, hilare : « C'est génial, c'est génial, il s'est coupé la tête tout seul. » PPDA commente : « En plus, c'est réalisé sans trucage. ».

Pauvre télévision publique...

Au secours on coule

Radar en panne. Moteurs au ralenti. Coque éventrée sur toute la longueur. Le paquebot France Télévisions lance des appels de détresse. Peut-on encore le sauver ?

Qui oserait contester les belles intentions de la nouvelle loi sur la télévision publique et du nouveau cahier des charges de France Télévisions ? Une télévision branchée sur le monde, une télévision qui ose, une télévision exigeante, une télévision irriguée de culture, une télévision qui aiguise les consciences, une télévision dégagée de la contrainte de la publicité et donc de l'audience pour retrouver sa vraie mission.

Mais le débat lancé en janvier 2008 par le président de la République aurait dû débuter par une redéfinition de la notion de service public en tenant compte du marché, du public et des réglementations européennes. Ensuite, à la lumière de l'enveloppe financière disponible et des coûts de production, le périmètre de France Télévisions, le nombre de chaînes et leur spécificité auraient dû être redessinés pour les différents supports de diffusion. Dans une entreprise classique, on aurait aligné les budgets, les effectifs, on aurait lancé un plan de restructuration, peut-être un plan social.

Les téléspectateurs ne disent pas autre chose. Selon un sondage Internet, 57 % des Français se déclarent favorables à une réduction du nombre de chaînes publiques[1].

Soyons simple et pragmatique à travers une image. Lorsque chacun d'entre nous songe à construire une maison, il commence par dresser l'inventaire de ses possibilités financières : l'argent dont il dispose, les possibilités de prêts, les éventuelles évolutions de ses revenus. En fonction de ces paramètres, chacun trace ensuite les contours de sa propriété. Selon ses ressources, ce sera un pavillon dans un lotissement, une maison d'architecte, un appartement de standing, etc. À France Télévisions, on fait l'inverse : on rêve d'une villa d'architecte avec piscine à débordement mais on n'a pas l'argent nécessaire, même pas le premier mètre carré de terrain, alors, comme un enfant capricieux, on crie, on hurle, on réclame son dû.

Hier, le service public de l'audiovisuel incarnait le savoir arrivant dans les foyers. Auréolés de cette mission et galvanisés par le public en admiration, les journalistes, réalisateurs, animateurs se sont senti pousser des ailes. Mais aujourd'hui la télévision publique ne doit-elle pas laisser le vedettariat à d'autres ? Ne doit-elle pas se faire plus humble ? Les journalistes, réalisateurs, animateurs et producteurs de France Télévisions ne doivent-ils pas s'effacer pour devenir des passeurs, des hommes et des femmes qui mettent d'autres hommes et femmes en relation, animés par le désir de partage ?

Hier, les médias s'inscrivaient dans un triptyque : la radio annonce, la télévision montre, la presse écrite

1. *Le Figaro*, 28 novembre 2008.

explique. Tout a explosé avec la démultiplication des supports et la quête du plaisir instantané. Pourquoi la télévision publique n'offrirait-elle pas un autre rapport au temps ? Moins d'immédiateté et plus de réflexion.

Hier, la télévision publique répondait au besoin d'accès aux images. Ce besoin est assuré plus qu'il n'en faut par des milliers de télés sur tous les supports. Mais à l'heure de cette globalisation galopante et des techniques foisonnantes, l'homme se sent seul. Pourquoi le groupe France Télévisions ne favoriserait-il pas la notion du « vivre ensemble » et de la communauté citoyenne ?

Hier, la télévision publique devait informer. Mais informer est devenu synonyme de séduire. Alors le groupe France Télévisions ne doit-il pas permettre à chacun d'être un homme libre devant la petite lucarne et non plus une marionnette manipulée par le cirque médiatique ?

Hier, la télévision publique se prévalait d'offrir la culture pour tous. Aujourd'hui, la culture est facilement accessible, mais il reste tant à faire pour la rendre intelligible à chacun, dans un souci d'aménagement du territoire, afin que l'argent des Français, via la redevance, soit créateur de richesses et d'emplois.

Hier, la télévision publique proposait du divertissement comme les chaînes privées. Pourquoi continuer à distraire alors que tout le monde le fait ? Chaque euro de la redevance utilisé dans la production de contenus ne doit-il pas permettre d'apprendre quelque chose au public ?

Hier, le journaliste de l'audiovisuel public était une référence par sa position privilégiée de témoin de la marche du monde. Le foisonnement du web a conduit à l'illusion du témoin universel, instantané, et à la fragilisation des savoirs. Alors pourquoi le groupe France Télévisions, par sa spécificité de média de service public, débarrassé des puissances de l'argent, ne serait-il pas un territoire privilégié de la refondation du métier de journaliste dans un triple souci d'indépendance, de crédibilité et d'innovation technologique ?

Le chemin d'avenir de la télévision publique n'est-il pas celui de l'homme autour de trois piliers : l'explication du monde, le décryptage des mécanismes de la société et l'accès aux autres ? La vocation de l'espace public n'est-elle pas de favoriser le partage d'idées, d'opinions, de pensées ? Le sens de la télévision publique n'est-il pas d'être un outil d'humanité, de tolérance et d'ouverture sur la différence ?

Si les acteurs de l'audiovisuel public, salariés de France Télévisions et partenaires extérieurs, renoncent à leur pré carré, il y a un espoir. Sans cette révolution et sans ce nouvel état d'esprit, la phrase introductive du nouveau cahier des charges de France Télévisions restera lettre morte, aussi belle et généreuse soit-elle : « Créer du lien tout en donnant du sens [1] ».

Utopie ? Chimère ? Idéalisme ? Peut-être. Mais c'est la dernière chance pour France Télévisions....

---

1. Projet de cahier des charges de France Télévisions, 20 octobre 2008.

Sources

Les études, documents et rapports sur l'audiovisuel évoqués dans cet ouvrage sont regroupés sur le site Internet de l'auteur : "guthleben.com"

« L'avenir de la télévision publique », Jacques Campet, septembre 1993.

« Les entreprises publiques de télévision et les missions de service public », Jean-Louis Missika, décembre 1997.

« La gestion de France Télévisions », Cour des comptes, 1998.

« Médias : promouvoir la diversité culturelle », Monique Dagnaud, Marie Bonnet et Sylvie Depondt, janvier 2000.

« Rapport d'information sur le financement de l'audiovisuel public », Claude Belot, janvier 2000.

« Les politiques audiovisuelles en France », Rémy Tomaszewski, 2001.

« La télévision numérique terrestre », Michel Boyon, octobre 2002.

« La nuit et l'été. Évaluation, analyse et propositions concernant l'offre culturelle à France Télévisions », Catherine Clément, décembre 2002.

« L'incidence sur la gestion des entreprises du secteur public de l'audiovisuel des conventions collectives qui s'appliquent à elles ainsi que de leurs modalités de mise en œuvre », Cour des comptes, octobre 2003.

« La production audiovisuelle française et son financement », Antoine Schwarz, décembre 2003.

« Le recours à l'intermittence dans l'audiovisuel public », Bernard Gourinchas, janvier 2004.

« Les conventions collectives des personnels de l'audiovisuel public », Patrice Martin-Lalande, septembre 2004.

« Pour une politique de l'emploi dans le spectacle vivant, le cinéma et l'audiovisuel », Jean-Paul Guillot, novembre 2004.

« L'évolution du groupe France Télévisions », Cour des comptes, février 2005.

« Analyse sémiologique des tranches régionales de France 3 », Cabinet WSA, mars 2005.

« Des médiattitudes, prospective sur la stratégie de l'État dans les mutations des médias », Sylvie Benard et Bernard Benyamin, juin 2005.

« Accélération du déploiement de la télévision numérique terrestre et extension de la disponibilité des chaînes de la TNT sur le territoire », Denis Rapone et Patrick Raude, novembre 2005.

« Le problème de concentration dans le domaine des médias », Alain Lancelot, décembre 2005.

« Les missions du service public de l'audiovisuel et l'offre de programmes », Dominique Richard, mars 2006.

« Le livre blanc de la CGT de France 3 », CGT, mai 2006.

« L'économie de l'immatériel. La croissance de demain », Maurice Lévy et Jean-Pierre Jouyet, novembre 2006.

« Rapport d'information relatif à la modernisation de la diffusion audiovisuelle et à la télévision du futur », Emmanuel Hamelin, janvier 2007.

« Rapport financier 2007 », France Télévisions, 2007.

« La presse au défi du numérique », Marc Tessier, février 2007.

« Les perspectives de réformes dans le secteur de l'audiovisuel », Jacques Valade, février 2008.

« La vidéo à la demande en Europe », NPA, mai 2007.

« Média », Société Générale, novembre 2007.

« La gestion du régime d'indemnisation des intermittents du spectacle », Cour des comptes, février 2008.

« L'économie de la VOD en France », CSA, mars 2008.

« Guide des chaînes numériques », CSA/CNC/DMD/SNPTV, mars 2008.

« Trois ans de TNT, bilan et perspectives », Emmanuel Hamelin et Frédéric Lefebvre, avril 2008.

« La production audiovisuelle aidée en 2007 », CNC, avril 2008.

« Les Français et la télévision publique », sondage *Le Parisien*/CSA, juin 2008.

« Commission pour la nouvelle télévision publique », Jean-François Copé, juin 2008.

« Observations et propositions concernant la ligne éditoriale des chaînes de France Télévisions », CSA, juin 2008.

« Présence et stratégies des médias de service public sur les services numériques », IMCA, juillet 2008.

« Rapports particuliers sur les comptes et la gestion des opérateurs de l'audiovisuel extérieur », Cour des comptes, juillet 2008.

« La place du cinéma dans les meilleures audiences de la télévision », CSA, septembre 2008.

« Les médias et le numérique », Danièle Giazzi, septembre 2008.

« Projet de loi relatif à la communication audiovisuelle et au nouveau service public audiovisuel », 22 octobre 2008.

« L'offre de programmes et la production d'œuvres audiovisuelles », CSA, 31 octobre 2008.

« Dépenses en production d'œuvres audiovisuelles (production inédite et acquisitions de droits) déclarées par les diffuseurs TNT au titre de l'exercice 2007 », CSA, septembre 2008.

« Les grands axes stratégiques de la nouvelle télévision de service public », Patrick de Carolis, octobre 2008.

« L'impact des nouveaux médias sur la jeunesse », rapport d'information pour le Sénat, David Assouline, octobre 2008.

« Projet de cahier des charges de France Télévisions », novembre 2008.

Bibliographie

Sélection de livres récents consacrés aux médias...

Jérôme Bellay, *Entre les lignes ou le journaliste assassiné*, Le Cherche Midi Éditeur, 2008.

Marie Bénilde, *On achète bien les cerveaux*, Éditions Raisons d'agir, 2007.

Éric Besson, *La République numérique*, Grasset, 2008.

Philippe Breton et Serge Proulx, *L'explosion de la communication*, La Découverte, 2006.

P. Chantepie et A. Le Diberder, *Révolution numérique et industries culturelles*, La Découverte, 2005.

Xavier Couture, *La dictature de l'émotion : où va la télévision ?*, Louis Audibert, 2005.

Jean Gabszewicz et Nathalie Sonnac, *L'industrie des médias*, La Découverte, 2006.

Alain Genestar, *Expulsion*, Grasset, 2008.

Daniel Granet et Catherine Lamour, *Médiabusiness, le nouvel eldorado*, Fayard, 2006.

Pascal Josèphe, *La société immédiate*, Calmann-Lévy, 2008.

Françoise Laborde, *Ça va mieux en le disant*, Fayard, 2008.

Michel Malausséna, *Les animatueurs*, Jean-Claude Gawsewitch Éditeur, 2008.

Noël Mamère et Patrick Farbiaz, *La tyrannie de l'émotion*, Jean-Claude Gawsewitch Éditeur, 2008.

Jean-Louis Missika, *La fin de la télévision*, Seuil, 2006.

Francis Pisani et Dominique Piotet, *Comment le web change le monde. L'alchimie des multitudes*, L'Atelier/BNP Paribas-Pearson/Village Mondial, 2008.

Serge Regourd, *Vers la fin de la télévision publique ?*, Éditions de l'Attribut, 2008.

Daniel et Clémentine Schneidermann, *C'est vrai que la télé truque les images ?*, Albin Michel, 2008.

Dominique Wolton, *Sauver la communication*, Flammarion, 2005.

Table des matières

Collection « Coup de gueule »
dirigée par Jean-Claude Gawsewitch

Alexandre Adler, Gilles-William Goldnadel, *Conversation sur les sujets qui fâchent*
Olivier Bardolle, *Éloge de la graisse*
Jean-Paul Brighelli, *La Fabrique du Crétin*
Jean-Paul Brighelli, *À Bonne École*
Jean-Paul Brighelli, *Une École sous influence*
Jean-Paul Brighelli, *Fin de récré*
Dominique Decèze, *France Telecom, La Machine à broyer*
Dominique Decèze, *Haute Tension à EDF-GDF*
Dominique Decèze, *Services publics, la grande braderie*
Dominique Decèze, *Gare au travail*
Pierre Delval, Guy Zilberstein, *La Contrefaçon, un crime organisé*
Caroline Derrien, Candice Nedelec, *Sarkozy et les femmes, un homme sous influence*
Gérard Filoche, *On achève bien... Les inspecteurs du travail*
Gérard Filoche, *La Vie, la santé, le travail sont précaires. Pourquoi le travail ne le serait-il pas ?*
Gérard Filoche, *Mai 68 : Histoire sans fin*
Gérard Filoche, *Les Caisses noires du patronat*
Gilles Gaetner, *Rachida Dati, et si on parlait de vous ?*
Jacques Gaillot, *Carnets de route*
Michel Malaussena, *Les Animatueurs*
Noël Mamère, Patrick Farbiaz, *La Tyrannie de l'émotion*
Jeannine Martigny, *Otages à perpétuité*
Maurice T. Maschino, *Un Geste ordinaire*
Maurice T. Maschino, *L'École de la lâcheté*
Patrick Maugein, *Ouï-dire sur la mort*
William Nasarre, *Confidences dérangeantes d'un homme d'église*
Rosemonde Pujol, *Un Petit Bout de bonheur*
Rosemonde Pujol, *Le Vingtième sexe*
Barbara Romagnan, *Du Sexe en politique*
Jacques Séguéla, *Tous ego*
Régis Sérange, *Flic de supermarché*

Dépôt légal : janvier 2009

Composition et mise en page

NORD COMPO
multimédia

Achevé d'imprimer sur rotative
par l'imprimerie Darantiere à Dijon-Quetigny
en janvier 2009

N° d'impression : 29-0140

Imprimé en France